LE CIRQUE DU DOCTEUR VAMPIRE

VOTRE PASSEPEUR
POUR UN HORRIBLE CAUCHEMAR

LE CIRQUE DU DOCTEUR VAMPIRE

Texte et illustrations
de
Richard Petit

Les presses d'or

Isbn : 155225030X.

Dépot légal 3e trimestre 1997.
Imprimé au Canada.
Bibliothèque nationale du Québec
Bibliothèque nationale du Canada

TOI!

Tu fais maintenant partie de la bande des
TÉMÉRAIRES DE L'HORREUR.

OUI! Et c'est TOI qui as le rôle principal dans ce livre où tu auras plus à faire que de tout simplement... LIRE. En effet, tu devras déterminer le dénouement de l'histoire en choisissant parmi les numéros suggérés afin, peut-être, d'éviter de basculer dans des pièges terribles ou de rencontrer des monstres horrifiants...

Aussi, au cours de ton aventure, lorsque tu feras face à certains dangers, tu auras à **TOURNER LES PAGES DU DESTIN...** ce qui consiste à faire glisser ton pouce sur le côté du livre en faisant tourner les feuilles rapidement pour t'arrêter au hasard sur une page et lire le sort qui t'est réservé.

Lorsqu'on te demandera de TOURNER LES PAGES DU DESTIN, tu choisiras, selon le cas, le pictogramme qui concerne l'événement, par exemple :

Si tu arrives devant une porte :

barré

ce pictogramme  représente une porte verrouillée ;

débarré

celui-ci  représente une porte déverrouillée.

Lorsque tu choisis une carte du jeu de tarot de la voyante :

celle-ci  représente la mort ;

celle-ci  représente le vampire.

Est-ce que tu as réussi à fuir?

Ce pictogramme  signifie que tu as réussi à fuir ;

celui-ci  signifie que tu as été attrapé.

Qu'est-ce qui surgit devant toi?

Ce pictogramme  représente un monstre ;

celui-ci  représente un simple visiteur.

Combien obtiens-tu avec le dé? (Voici les faces de 1 à 6 du dé.)

De plus, à certains moments dans l'histoire, il te faudra jouer à des jeux sordides et résoudre certains mystères afin de continuer ton aventure.

Et n'oublie pas : une seule finale te permet de vraiment terminer ***Le cirque du Docteur Vampire.***

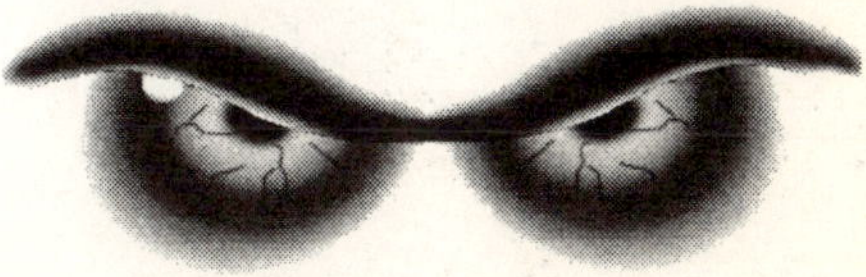

1

SHRI-I-I-KKK! Un éclair déchire le ciel gonflé de nuages noirs et illumine cette obscure soirée sans lune.

«Un, deux», comptes-tu pendant que le fracas assourdissant du tonnerre se fait entendre.

BRRRO-O-U-U-MMM!

«Impossible de dormir», te dis-tu en songeant à cet orage qui dure depuis des heures. **SHRI-I-KKK!** Encore un éclair...

«Un, deux, trois... »

BRRRO-O-U-U-MMM!

«OUF! L'orage s'éloigne, te dis-tu pour te ressaisir. Je vais enfin pouvoir dormir.»

Pourtant, ce n'est pas le bruit qui te tient éveillé, c'est cette peur incontrôlable des orages. Tu n'avais pas peur avant, jusqu'à ce que Frimousse, votre chat, soit frappé par un éclair. La foudre l'a frappé de plein fouet pendant qu'il marchait sur la corniche de la maison. Il est devenu tout blanc. Pauvre petite bête... Parfois, tu te demandes si, ce soir-là, ton chat n'aurait pas d'un seul coup perdu ses neuf vies et ne serait pas devenu... UN MATOU FANTÔME!

«Les animaux peuvent-ils devenir des revenants lorsqu'ils meurent?» avais-tu demandé à ta mère, qui craint les chats depuis l'incident.

Ça te réconforte un peu de compter pendant l'orage. «Si l'écart s'agrandit entre la foudre et le tonnerre, disait ton oncle, c'est que l'orage s'éloigne.» Il savait de quoi il parlait, ton oncle Gilles! C'était dans son intérêt, d'ailleurs, car son travail de technicien l'amenait souvent sur le toit des édifices où le risque d'être frappé par la foudre pendant un orage était grand.

À la fenêtre, tu regardes avec soulagement le beau ciel constellé d'étoiles. Les nuages ont complètement disparu. Comme c'est curieux! Cet orage est arrivé et reparti si vite. C'est peut-être un mauvais présage, un signe pour nous prévenir d'un terrible danger...

Quelques minutes plus tard, à ton grand désarroi, le grondement menaçant du tonnerre crève à nouveau le silence de ta chambre et te fait sursauter. «Comment cela se peut-il? te demandes-tu, il n'y a pourtant aucun nuage dans le ciel...» Étonné, tu tends l'oreille pour t'apercevoir qu'il ne s'agit que du roulement mélodique d'un tambour... SAPRISTI! on dirait une fanfare! Oui, c'est bien la fanfare d'un défilé, constates-tu quand apparaissent au bout de la rue trois majorettes. Un défilé si tard... LE SOIR? Étrange, très étrange même...

Les trois majorettes sont vêtues d'uniformes de fantaisie vétustes et déchirés. Dans leurs mains, à la place de l'habituel bâton, elles tiennent un os immense et dégoûtant, qu'elles lancent au-dessus de leur tête. À leur suite, une sorte de bête qui te semble difforme tire un très vieux char allégorique sur lequel se trouvent des musiciens au visage morbide et sans vie. Ils jouent de leur instrument vieillot et tout cabossé un air si funèbre qu'il te glace le sang. C'est alors que tu constates qu'il s'agit d'un cirque ambulant. «Mais qui sont ces gens? te demandes-tu ; d'où vient ce cirque bizarre?»

Une bande de clowns et de bouffons hideux qui font plus peur que rire arrivent en se dandinant dans la rue et lancent sur les trottoirs comme on jetterait des confettis ce qui semble être des billets d'entrée et des programmes pour les spectacles. Brusquement, l'un d'eux, perché sur des échasses, s'avance en titubant jusqu'à ta fenêtre... comme s'il avait senti ta présence!

Caché derrière les persiennes, tu ne bouges pas. Paralysé par son regard cruel et ses yeux injectés de sang, tu restes immobile, de peur d'être vu. Car, de toute évidence, ce n'est pas un homme qui se cache derrière ce maquillage! MAIS QU'EST-CE QUE C'EST ALORS?

Après quelques secondes, il retourne parmi les autres. OUF! Derrière eux, plusieurs autres chars allégoriques tirés par des éléphants portent les cages des animaux du cirque. «C'est malheureux, te dis-tu, il fait trop noir pour que je puisse les voir.» Sauf pour le dernier : au moment où il passe sous la lumière vacillante d'un lampadaire, tes yeux écarquillés sondent l'obscurité et découvrent l'animal qui y est enfermé... UNE BÊTE MI-OURS MI-PIEUVRE!

Soudain, la musique se fait plus lugubre et annonce la fin du défilé. Un dernier char surgit de la pénombre de la rue, entouré d'une multitude de chauves-souris. C'est un char sombre, drapé de noir tel un corbillard. Qui transporte-t-il donc? Lorsqu'il passe en face de ta maison, un frisson te parcourt le dos de la tête aux pieds...

DRI-I-I-ING! *La sonnerie de ton téléphone te fait sursauter. Alors que le funeste cortège disparaît au bout de la rue, tu te rends au numéro 5 pour répondre.*

2

Dans la foule, personne ne semble troublé par l'apparence cauchemardesque de ce curieux cirque qui, par endroits, ressemble plutôt à un cimetière. Pendant que vous vous dirigez vers le labyrinthe de miroirs, une étrange sensation t'envahit, comme si quelqu'un vous observait et épiait vos moindres gestes. «Oui, comme c'est bizarre, songes-tu. Le Docteur Vampire, peut-être? Serait-il possible qu'il soit déjà au courant de nos intentions? Il faudra garder l'oeil bien ouvert...»

À l'entrée du labyrinthe, un squelette en tenue de gala vous accueille, en soulevant sa main osseuse pour vous indiquer le passage. «Vous avez vu? Ce squelette mécanique a l'air tellement vrai, murmure Marjorie, en gardant ses yeux étonnés bien rivés sur votre hôte bizarroïde.

— PETITE IDIOTE! lui réplique son frère Jean-Christophe, il a l'air vrai parce que C'EST un vrai squelette... Ici dans ce cirque, tout est réel ; alors si jamais vous vous trouvez face à face avec un loup-garou, ne vous posez pas de question... COUREZ À TOUTES JAMBES!»

À peine avez-vous fait quelques pas dans ce réseau inextricable de couloirs sombres et lugubres que quelqu'un ou quelque chose arrive à votre rencontre. Est-ce un monstre ou un simple visiteur?

Pour le savoir, tu dois TOURNER LES PAGES DU DESTIN.

Si, au bas de la page, il y a un monstre, rends-toi au numéro 47.

Si, par chance, il n'y a qu'un visiteur, sauve-toi au numéro 17.

2

Le mécanisme infernal s'enclenche, et votre voiturette s'engage dans le chemin qui vous écarte, à votre grand désarroi, de votre but.

«AH NON! Nous allons du mauvais côté!» cries-tu, furieux, en voyant les rails vous conduire en sens inverse. Vous roulez si vite que le petit cabriolet prend les courbes sur deux roues seulement. Tous les trois, vous vous retenez solidement au siège pour éviter d'être éjectés. Vous montez et montez si haut que, d'en bas, les gens peuvent voir la sombre silhouette de votre voiturette passer devant la lune qui trône bien haut dans le ciel...

Malheur! Quand vous descendez la dernière montagne, un des rails se brise CRAC! et vous catapulte dans les airs. «ÇA Y EST! NOUS ALLONS NOUS ÉCRASER!» hurles-tu pendant que vous faites un vol plané de plusieurs mètres avant d'atterrir de façon inespérée dans une immense caisse de maïs soufflé.

Aussi incroyable que cela puisse paraître, vous vous en êtes tirés sans même une égratignure. Sains et saufs, vous vous rendez au numéro 55.

4

Rapide malgré son poids, le démon de roc tend le bras et t'attrape la main. Rassemblant toutes tes forces, tu parviens à le faire basculer. Il tombe sur le comptoir et, quelques secondes après, le kiosque s'écroule sur lui dans un fracas épouvantable.

BRRRRRRRRAAOUMM!

Prisonnier sous les décombres, le monstre de roc ne peut que hurler sa fureur tout en laissant échapper par la bouche une dégoûtante coulée de lave qui ruisselle sur le sol.

Vous poursuivez votre route un bon moment en dégustant cette délicieuse barbe à papa. Devant vous, dans une arène à ciel ouvert, se déroule un spectacle d'acrobates. Au moment où tu prends place dans les gradins, ton estomac émet un gargouillis atroce, et la douleur devient vite intolérable. «LA BARBE À PAPA!» cries-tu. Persuadé qu'elle en est la cause, tu

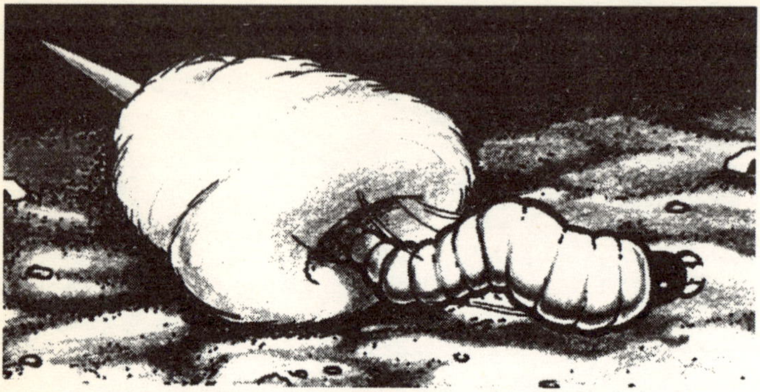

la jettes par terre. À peine a-t-elle touchée le sol qu'une larve géante en surgit en se tortillant dans le sable.

«SAPRISTI! C'est un gros cocon, hurles-tu avec dégoût, et j'en ai avalé un morceau...»

Maintenant, ton estomac te fait vraiment mal, ce cocon était sans doute... EMPOISONNÉ! Tout près, il y a les roulottes des forains : peut-être qu'à l'intérieur de l'une d'elles, quelqu'un pourrait vous aider.

Vous frappez plusieurs fois à une porte, pas de réponse. Vous décidez d'entrer ; il n'y a personne. Cependant, sur un des murs, vous remarquez une étagère pleine de bocaux, de fioles et de flacons contenant de curieux produits de toutes sortes. Dans l'un d'eux, il y a même quelque chose de vivant. BEURK! Parmi ces petits bocaux, il y a sûrement un antidote, un remède au poison que tu as ingurgité... À TOI DE CHOISIR!

L'étagère et tous ses produits se trouvent au numéro 8.

5

C'est Jean-Christophe, ton ami. Avec lui et sa soeur Marjorie, vous formez la bande des TÉMÉRAIRES DE L'HORREUR. Les fantômes qui hantent les couloirs de l'école et les zombis du cimetière Fairelemort ne vous font pas peur. Vous avez une bibliothèque pleine de livres sur le sujet. Vous possédez en plus *L'Encyclopédie noire de l'épouvante*, version intégrale, même le fameux numéro 13 de la collection. On raconte que seulement deux exemplaires de ce numéro existent et que le diable lui-même posséderait l'autre. De plus, Marjorie a fait des dessins super des monstres que vous avez rencontrés lors de vos aventures. Les murs de sa chambre en sont couverts. D'ailleurs, tu t'es souvent demandé comment elle arrivait à dormir, entourée de toutes ces horribles créatures.

Si ces deux-là te téléphonent à cette heure tardive, c'est parce qu'ils ont, comme toi, vu cette mystérieuse parade nocturne et qu'ils voudront sûrement aller au fond de ce mystère...

En effet...

«Est-ce que tu l'as vu toi aussi? te débite

rapidement Jean-Christophe, visiblement excité par la perspective de vivre une autre terrifiante aventure. C'était LE CIRQUE DU DOCTEUR VAMPIRE... Dans de très vieux bouquins, il est écrit que le propriétaire serait un savant fou devenu vampire à la suite de l'une de ses sinistres expériences. D'ailleurs, on ne compte plus les victimes que ce cirque a faites depuis qu'il existe.

— Eh bien, je crois que ce vampire assoiffé de sang n'est pas le seul monstre dans ce cirque, lui précises-tu. J'ai aussi aperçu une bête terrifiante dans une des cages lorsqu'ils sont passés près de chez moi. Je n'ai jamais rien vu de pareil...

— Je pense que les Téméraires de l'horreur devraient rendre une petite visite à ce Docteur Vampire! Viens nous rejoindre dans le stationnement du centre commercial abandonné où, comme le mentionne le programme, le cirque a installé ses manèges et élevé son grand chapiteau.

— VOUS ÊTES FOUS! Aller dans ce cirque par une nuit pareille... C'est se jeter dans la gueule du loup, ou du vampire si vous aimez mieux. Je voudrais bien garder mon sang ; j'y tiens, c'est un souvenir de mes parents, leur réponds-tu en plaisantant.

— Très drôle mais écoute bien, te murmure calmement Jean-Christophe, sentant bien qu'une crainte t'envahit. Ce cirque ne vient dans cette ville qu'une fois tous les cinq ans et pour seulement UNE NUIT! Si nous voulons éclaircir ce mystère, nous devons y aller ce soir...

Habille-toi et mets tes meilleures espadrilles, parce que je crois que cette nuit, elles vont t'être utiles, et viens nous rejoindre à l'entrée du cirque, au numéro 10.

6

Il n'y a aucun doute, c'est bien lui, tu l'as reconnu. Vous vous arrêtez un moment pour vous demander si vous devriez suivre le Docteur Vampire ou tenter de le confronter immédiatement.

«Il vaudrait mieux le suivre, suggère Jean-Christophe. Dans la foule, il pourrait s'en prendre à des visiteurs. Pourquoi prendre un tel risque?»

Il commence à faire terriblement noir. Comme si elle était sa complice, la lune s'est soudainement cachée derrière un nuage pour laisser une chance au vampire de vous échapper. Vous jetez un coup d'oeil au docteur. Sa peau est d'un blanc si pur. Ses cheveux d'un noir des plus obscurs contrastent avec ses yeux d'une brillance surnaturelle. Vous devez le suivre avec une extrême précaution, car, comme tous les vampires il est doué d'un sixième sens qui pourrait le

prévenir de vos intentions.

Doucement, sans être vus, poursuivez votre aventure au numéro 18.

7

C'est entre les vagues d'un épais brouillard que se dresse une immense baraque délabrée et disjointe... LA MAISON HANTÉE! Quelle horrible demeure. Des cliquetis de chaînes aux toiles d'araignées, tout concourt à rendre cet endroit lugubre. Ce n'est pas qu'une simple attraction de cirque, cette vieille maison est vraiment HANTÉE... Au travers des fenêtres brisées et des rideaux en lambeaux, des dizaines d'yeux semblent vous épier et annoncer au vampire votre arrivée : *Ils sont là, Docteur Vampire, venez... DU SANG FRAIS!*

Une étrange sensation t'envahit quand tu t'aperçois qu'il n'y aucun visiteur à l'entrée ; toi qui pensais y trouver une interminable file d'attente. «C'est tout à fait normal, précise Jean-Christophe, c'est la plus effroyable des attractions de ce cirque. Beaucoup y sont entrés, mais très peu en sont ressortis.» Pour vous, il est trop tard pour reculer maintenant. Tu pousses sur la massive porte en bois cloutée qui s'ouvre dans une cacophonie de grincements qui te donnent la chair de poule. Un corridor poussiéreux et sombre, traversé de toiles d'araignées, s'offre à vous. La porte se referme d'elle-même dans un fracas épouvantable.

BL-A-A-A-NG!

Vous marchez maintenant dans le corridor. Quand vous arrivez près d'une porte, un bruit étrange se fait entendre dans la pénombre. On dirait un grognement... GROOOOOOWW! Quelque chose vient dans votre direction. Il faut fuir et vite. PAR LA PORTE! Oui, mais elle est peut-être verrouillée?

Pour le savoir, TOURNE LES PAGES DU DESTIN.

Si elle est ouverte, vous pouvez fuir en vous rendant au numéro 13.

Mais si, par contre, elle est verrouillée, quel malheur... Vous tombez nez à nez avec ce monstre au numéro 20.

8

Maintenant, esquisse un signe de croix et choisis parmi trois contenants. Rends-toi au numéro inscrit en dessous de celui que tu crois être l'antidote...

9

«Saleté de porte! Elle est fermée...», vous dit Jean-Christophe en regardant les trois vampires prendre position sur le stand de tir et faire feu dans votre direction. **BANG!**

Ta réaction est immédiate : pour éviter d'être touché, tu te laisses choir sur le plancher. Un des trois projectiles passe tout près de toi et se plante dans le mur. **POP!** C'est une simple fléchette à suce, mais elle est... EMPOISONNÉE. Les fusils à nouveau chargés, ils tirent une deuxième salve. **POP! POP! POP!** Encore une fois, les projectiles n'atteignent pas leur but et les vampires se retirent sans avoir fait mouche une seule fois.

Tu as vite compris que, pour gagner à ce jeu absurde, il fallait éviter d'être touché par ces fléchettes mortelles. «Quel jeu ignoble! lances-tu, blême de peur en te relevant. Est-ce que nous gagnons quelque chose au moins», demandes-tu pour ajouter au ridicule.

OUI! Ça va peut-être vous étonner, mais en plus de votre VIE, vous gagnez un prix...

Allez au numéro 12, où se trouve le présentoir...

10

Prenant ton courage à deux mains, tu cours

enfiler tes espadrilles neuves, celles que tu conservais précieusement pour les compétitions inter-écoles. Car ce soir tu es dans une course où le gagnant aura une médaille à son cou et le perdant, lui, portera au sien... LES MARQUES D'UN VAMPIRE!

Dans la rue, tu ramasses en passant un des billets que les bouffons ont lancés sur les trottoirs. Pour entrer au cirque, c'est simple. Tu n'as besoin que d'un seul de ces billets. Pour en ressortir, là, ce sera une tout autre histoire, UNE HORRIFIANTE HISTOIRE... Si tu réussis à en sortir, naturellement. Après une grande respiration, tu entames une longue marche dans la rue Mortdepeur qui te conduit à ton périlleux rendez-vous avec tes amis.

Près du cirque, Jean-Christophe et Marjorie semblent figés par l'aspect morne et sinistre de l'arche à l'entrée. Elle a été construite d'ossements blanchis appartenant probablement à ceux qui ont essayé, comme vous trois, de vaincre le Docteur Vampire. «Pas rassurant du tout,» te dis-tu en les y rejoignant. À droite, dans une petite cabine de bois délabrée, se trouve une vieille femme, si vieille qu'on dirait qu'elle a plus de cent ans. «Entrez! Entrez! ON NE VOUS MORDRA PAS», vous dit-elle d'une voix railleuse en vous voyant hésiter à entrer. Craintif, tu lui tends tout de même ton billet. À l'instant où vous quittez le guichet, vous constatez qu'elle a disparu... Comme un fantôme...

«Du calme, nous savions qu'il y avait d'autres monstres à part le Docteur Vampire, vous dit Jean-Christophe, bien décidé à aller au fond de cette histoire. Il faut continuer!

— Tu as tout ce qu'il nous faut? lui demandes-tu.

— Oui, nous pouvons y aller», te répond-il en te montrant son sac à dos.

Une fois entrés, vous constatez que le cirque est beaucoup plus grand qu'il ne le laisse paraître. Parmi toutes ces attractions lugubres, un parc d'amusement vous invite à risquer une balade dans un de ses périlleux manèges sombres et sinistres, *pour ceux qui désirent mourir de peur*, comme dit l'affiche, pas très invitante.

«Mais par où allons-nous commencer? demande Marjorie tout intriguée. Dans laquelle de ces attractions ce monstre peut-il bien se cacher?»

Bonne question! Dans LE LABYRINTHE DE MIROIRS? Peut-être pourriez-vous y trouver ce vampire. Mais n'oubliez pas que, dans les miroirs, on ne voit pas le reflet des créatures qui sortent de leur tombeau la nuit pour sucer le sang des vivants.

Peut-être se cache-t-il tout en haut des MONTAGNES RUSSES, prêt à bondir sur le cou de sa prochaine victime? Il pourrait tout aussi bien se servir des KIOSQUES DE FRIANDISES pour attirer les enfants dans un piège répugnant. Ou bien au PAVILLON DES JEUX D'ADRESSE, dissimulé parmi les toutous en peluche et attendant le prochain gagnant pour se jeter dessus? Enfin, peut-être qu'il se

cache dans la MAISON HANTÉE, parmi ces monstres qu'on dit «ANIMATRONIQUES», mais qui sont en vérité bien réels... À toi de le découvrir!

Si tu veux te rendre au LABYRINTHE DE MIROIRS, va au numéro 2.

Pour aller vers les MONTAGNES RUSSES, va au numéro 29.

Pour te rendre aux KIOSQUES DE FRIANDISES, trouve le numéro 26.

Si tu veux aller au PAVILLON DES JEUX D'ADRESSE, va au numéro 36.

Enfin, si tu préfères visiter la MAISON HANTÉE, va au numéro 7.

«UN SAC DE PETITS NOUNOUS GUMMI! Voilà ce qu'il nous faut, lance Marjorie pour se moquer de ton choix. ATTENTION! Les oursons mous viennent à notre secours... VIVE LES NOUNOUS GUMMI!

— CESSE DE FAIRE L'IDIOTE! lui cries-tu, je me suis trompé, la clé n'est pas dans ce sac de bonbons.

SORTEZ VOTRE MONNAIE et retournez au numéro 60 pour choisir autre chose.»

12

«Vous avez gagné, vous confirme le vieux monsieur en vous conduisant vers le présentoir de prix. Mais attention, ajoute-t-il, une très ancienne clé a été cachée parmis les prix». Cette clé vous permettra de quitter le pavillon des jeux d'adresse. Cherchez bien sur cette image ; si vous la trouvez, sortez du pavillon et rendez-vous au numéro 28. Mais si, par malheur, elle demeure introuvable, allez au numéro 64.

12

Le coeur battant, tu refermes la porte en t'assurant qu'elle est bien verrouillée. «Mais qu'est-ce que c'était que ça? leur demandes-tu, tout tremblant de peur.

— J'ai pu l'entrevoir juste avant que tu refermes la porte, c'était horrible, raconte Marjorie, qui cherche à reprendre son souffle. Une sorte de gros serpent à tête humaine, une espèce de monstre à la langue fourchue, qui est passé tout près de nous prendre...»

La gorge un peu serrée par la peur, vous poursuivez l'exploration de la maison hantée. Plus loin, vous êtes ralentis par les toiles d'araignées qui se font de plus en plus nombreuses. Vous continuez votre marche tant bien que mal. Ta jambe se prend soudainement dans l'une de ces toiles d'une solidité étonnante.

«AIDEZ-MOI! Ne restez pas plantés là à rien faire, leur cries-tu en tentant de te dégager. Mais quelle espèce d'araignée peu bien faire des toiles aussi grosses et solides?» leur demandes-tu au moment où derrière vous apparaît soudainement celle qui l'a tissée : UNE TARENTULE GÉANTE!

Aidé de tes amis, tu réussis à te dégager. Dans le couloir, vous courez jusqu'à une autre de ces immenses toiles, qui vous bloque complètement le passage. C'est un cul-de-sac! «Nous sommes pris, nous ne pourrons pas passer au travers de celle-ci», s'écrie Jean-Christophe en jetant un coup d'oeil vers l'araignée qui, implacablement, se rapproche...

À en juger par les ossements qui jonchent le sol, vous n'êtes pas les premiers à être tombés dans le piège de cette araignée repoussante. Mais peut-être qu'il y a une mince chance, très mince de vous en sortir... Voyez au numéro 88.

14

Vous tirez sur la poignée de la porte qui s'ouvre en grinçant. Quelques rats passent rapidement dans l'ouverture et te font sursauter. «Je déteste ces bestioles», confies-tu à tes amis qui te répondent par une grimace approbative.

ENCORE UN ESCALIER! Vous cherchez en vain à voir où il conduit. Un curieux brouillard verdâtre sillonne les chapelets de toiles d'araignées qui décorent ce lieu. Lorsque vous vous apprêtez à monter, quelque chose fend l'air et disparaît en passant à travers le mur et en soulevant un nuage de poussière qui vous fait éternuer.

«AAATCHOUU! Qu'est-ce que c'était que cela? demandes-tu en cherchant tout autour de toi.

— Il n'y a que les fantômes et Bouboule notre voisin qui peuvent passer à travers les murs, précise Jean-Christophe. Et je doute qu'il s'agisse de Bouboule. Alors c'était sans aucun doute... UN FANTÔME!

Pressés par cette étrange apparition, vous escaladez rapidement l'escalier qui vous conduit à l'extérieur, sur le toit de la maison hantée, au numéro 31.

15

Arrivés près de la cage, vous faites un pas en arrière afin d'éviter d'être assaillis par... UN HORRIBLE TIGRE-PIEUVRE! La repoussante bête passe rapidement ses bras gluants et tentaculaires entre les barreaux et t'attrape par la tête. En glissant sur le côté, tu réussis à te dégager. Le visage couvert d'un liquide gélatineux, tu te relèves pour t'apercevoir que le monstre-mutant a réussi à t'arracher ta casquette et a entrepris de la manger.

«LA SALE BÊTE VA BOUFFER MA CASQUETTE! hurles-tu en te frottant la tête pour te replacer les cheveux.

— La méchante beu-bête a mangé ta casquette de

DOUDOU le dinosaure, te lance Marjorie pour se moquer de toi.

— Cesse de dire des imbécillités! Je l'aimais, ma casquette, ajoutes-tu, contrarié. Doudou lui-même me l'avait autographiée.»

Soudain, un bruit sec produit par quelque chose qui se déclenche se fait entendre. TCHIC! «Est-ce que ce bruit provenait de la cage?» demandes-tu en craignant la réponse.

OUI! Le loquet de la cage s'est déclenché, la porte

s'ouvre et le monstre arrive sur vous... Va-t-il vous attraper?

Pour le savoir, TOURNE LES PAGES DU DESTIN.

S'il t'attrape, rends-toi au numéro 63.
Si tu réussis à fuir, va au numéro 53.

16

«Où est ton zombi? demandes-tu à Jean-Christophe, je ne vois qu'un clown qui nous lance des serpentins de papier...

— Justement, le zombi, C'EST LUI ! hurle-t-il en reculant. Faites attention aux serpentins, ils sont empoisonnés. Un simple toucher pourrait vous paralyser!»

Au même instant, un de ces serpentins te passe tout près du visage. Tu tentes de fuir. Le souffle coupé, tu sembles suspendre ton élan vers la sortie. Ton corps est si lourd, sans doute à cause de la peur.

Rendu à court de munitions, le clown s'élance bouche ouverte vers vous : YAAAAAAARGHH! Son odeur putride et sa bouche édentée ne vous laissent plus aucun doute, il s'agit bien d'un zombi. Maintenant, vous devez prendre une décision : vous cacher dans les sarcophages égyptiens et espérer qu'il partira en vous laissant tranquilles, ou lui livrer un combat.

Si vous n'avez pas peur de vous cacher dans des tombes dégoûtantes, rendez-vous au numéro 43.

Si vous préférez lui faire face, allez au numéro 90.

17

Vous faites une pause, question de vous ressaisir et de reprendre votre calme. Rien ne sert de s'énerver ; après tout, il ne s'agit que d'un simple visiteur.

Même s'il a l'air totalement inoffensif, vous ne voulez courir aucun risque. Vous vous éloignez de lui sans le quitter des yeux. Il s'arrête devant un miroir et sort de son sac un costume de clown cracheur de feu, qu'il enfile aussitôt. «Qu'est-ce qu'il fait? Est-il dangereux?» demande Marjorie, soucieuse.

Sa question ne demeure pas longtemps sans réponse : le clown se retourne et crache vers vous une boule de feu qui frappe de plein fouet une chauve-souris qui passait inopinément par là. Calciné, le

mammifère nocturne tombe raide mort...

«Est-ce que ça répond à ta question? lui lances-tu en cherchant une sortie. Il faut absolument partir d'ici, car ça va chauffer...» Vous avez beau chercher, il ne semble pas y avoir de façon de quitter ce labyrinthe. Est-ce la fin?

Peut-être que non! Car sur un des murs vous remarquez d'étranges graffitis qui semblent indiquer la présence d'un passage secret. Sauf que le message est encodé. Pour essayer de déchiffrer ce message, rends-toi au numéro 25.

18

Soudain, il s'arrête et se retourne, comme si son fameux sixième sens l'avait averti de votre présence. Vous sautez vite derrière un bosquet pour vous cacher en croisant les doigts et en espérant qu'il ne vous ait pas vu.

«Regarde s'il vient vers nous», chuchote Jean-Christophe à l'oreille de sa soeur. Marjorie, qui était accroupie, se lève tranquillement et sort la tête de l'épais feuillage du buisson afin de jeter un coup d'oeil.

«SAPRISTI! Il n'est plus là! Il a disparu... Il s'est probablement transformé en chauve-souris pour s'envoler vers... LE GRAND CHAPITEAU!

s'exclame-t-elle en apercevant la grande tente. Nous l'avons trouvé, il est juste devant nous.

— OUAIS! Il nous a conduits directement au grand chapiteau. Nous le tenons maintenant, ce suceur de sang, leur dis-tu. Allons-y!»

Mais à peine avez-vous fait quelques pas que vous êtes arrêtés par une brusque apparition : un autre clown jongleur. Mais cette fois-ci, il s'agit bel et bien d'un des monstres du Docteur Vampire, car à la place d'une balle, ce clown jongleur jongle avec sa propre tête. Quelle horreur! Il cherche sans doute la bagarre...

Si vous décidez de l'ignorer, peut-être vous laissera-t-il passer sans chercher dispute, allez au numéro 58.

Mais si vous voulez le confronter, rendez-vous au numéro 39.

19

En marchant, vous déchirez les toiles d'araignées tissées en d'étranges motifs. Des brumes malsaines sillonnent les corridors de miroirs et en décuplent l'aspect sinistre. Des cris d'horreur suivis de rires hystériques parviennent à vos oreilles et vous glacent le sang. «Qui peut bien rire d'une façon si odieuse? demandes-tu en cherchant des yeux la provenance du ricanement.

— Je n'en ai aucune idée, mais tout ce que je peux vous dire, c'est que nous ne tarderons pas à le savoir, te répond Jean-Christophe, car j'entends des bruits de pas, des pas lourds qui se rapprochent...»

Soudain, une voix d'outre-tombe s'élève : «C'est vous qui venez anéantir mon mari? Vous n'aurez pas la chance de mettre votre plan à exécution, car personne, et je dis bien personne, n'a réussi à m'échapper. JE VAIS VOUS BROYER!»

Pendant que vous cherchez désespérément une façon de fuir, votre interlocutrice apparaît. C'est une immense bonne femme, LA PLUS GROSSE FEMME-ZOMBI AU MONDE! Elle est si grosse qu'elle prend presque toute la place dans la pièce où vous vous trouvez.

Vos chances de fuir sont maigres, mais TOURNE tout de même LES PAGES DU DESTIN pour savoir si la bonne femme va vous attraper.

Si elle vous attrape, la suite de votre aventure se trouve au numéro 40.

Si vous avez réussi à fuir cette GROSSE menace, rendez-vous au numéro 76.

20

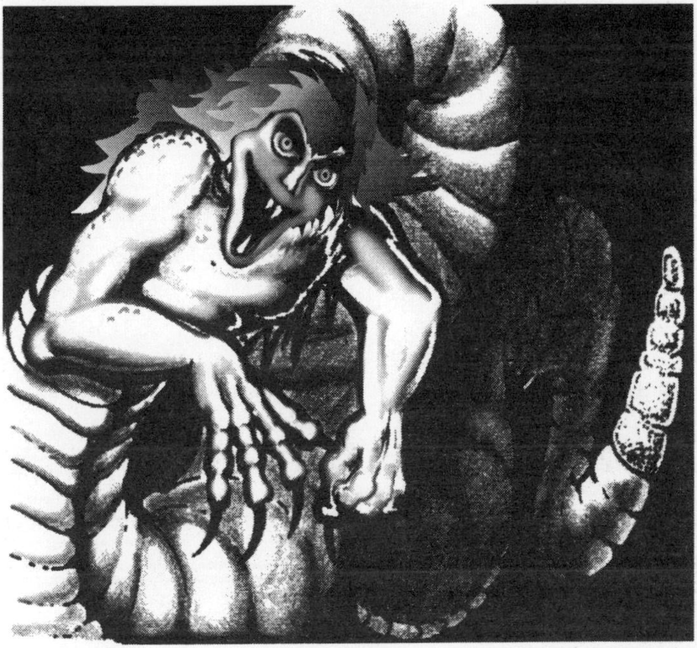

Devant vous, soulevant un nuage de poussière, une répugnante bête mi-homme mi-serpent surgit des ténèbres. «Que faites vous icccci? demande le monstre de sa voix sifflante. Je ne laissse persssonne resssortir après m'avoir vu. Je ne veux pas que l'on sssache que le sssavant fou a fait de moi un homme-ssserpent...»

Quelle horreur en effet! Encore une expérience du Docteur Vampire qui a mal tourné. Le savant fou voulait sans doute attirer les gens dans son cirque en présentant des spectacles de monstres difformes.

«Mais monsieur, peut-être qu'à l'hôpital quelqu'un pourrait vous aider, suggère Jean-Christophe, cherchant une façon de vous sortir de cette impasse.

— Crois-tu qu'il sssuffira d'une sssimple assspirine pour me redonner ma forme normale? lance-t-il, les yeux exorbités par la rage et par l'envie de vous infliger une morsure mortellement venimeuse.

— Il y a certainement une façon de sortir d'ici», murmures-tu en ne quittant pas des yeux le mutant.

Cherchez du côté du numéro 82.

21

Bien joué! Grâce à votre coup de dé, le mécanisme du rail s'enclenche, et tu te diriges sur la voie conduisant tout en haut du manège, où se trouve peut-être le Docteur Vampire. Malgré l'angoisse que tu ressens, la perspective de confronter ce fantôme suceur de sang a quelque chose d'exaltant.

Vous roulez si vite que le petit cabriolet prend les courbes sur deux roues seulement. Tous les trois, vous vous retenez solidement au siège pour éviter d'être éjectés. Vous arrivez finalement à l'intérieur du tunnel où vous pensez dénicher le docteur. Mais il ne s'y trouve pas. Plutôt, vous êtes assaillis par les gardiennes du vampire... UNE NUÉE DE CHAUVES-SOURIS VORACES!

Enveloppés par ce nuage de «vampires volants» vous tentez d'une main de vous protéger et de l'autre de les faire fuir. Mais l'une d'elles parvient tout de même à te frôler. Tu te touches le cou pour te rendre compte que... TU SAIGNES! Cette sale bête t'a mordu. «Est-ce que je vais devenir un vampire? demandes-tu à Jean-Christophe, qui observe les chauves-souris battre en retraite et s'envoler au loin.

— Oui! À moins que nous réussissions à éliminer le Docteur Vampire, précise-t-il. Lorsque ce prince des monstres sera anéanti, tout redeviendra normal. Mais si nous ne réussissons pas, lorsque la nuit viendra, tu deviendras un VAMPIRE.»

Votre balade cauchemardesque s'achève par une étourdissante descente jusqu'au quai de débarquement.

Vous dévalez l'escalier qui passe juste devant un gradin rempli de visiteurs devant lequel se déroule un spectacle d'avaleurs d'épées. Allez au numéro 30.

«HOLÀ! Attendez un instant, s'écrie Jean-Christophe. Ce monsieur Nomed... C'EST UN DÉMON!

— Comment peux-tu le savoir? lui demandes-tu, tout surpris.

— Comme nous nous approchions de lui, une pensée m'est venue à l'esprit. Je me suis dit : quel curieux nom il a, ce monsieur Nomed! Et puis j'ai compris que Nomed était tout simplement démon écrit à l'envers. Comme le mentionne *L'Encyclopédie noire de l'épouvante,* un simple toucher de cet être immonde, et nous brûlerons dans les flammes éternelles de l'enfer, explique Jean-Christophe, qui a beaucoup lu sur le sujet. Je sais aussi qu'il faudrait l'eau de tous les océans de la terre pour éteindre le feu d'un seul de ces démons.»

Tu agites rapidement la main pour indiquer à tes

amis qu'il vaudrait mieux partir au plus vite, avant que ce brûlant personnage ne se décide à vous griller.

De retour sur le petit pont, vous entendez une voix grave s'élever des ténèbres du sous-bois tout près de vous. De qui peut-il bien s'agir maintenant? Du monstre qui vous a suivis ou d'un simple visiteur?

Pour le savoir, TOURNE LES PAGES DU DESTIN.

Si, en TOURNANT LES PAGES DU DESTIN, tu es tombé sur le monstre, rends-toi au numéro 80.
Si, au contraire, la page s'arrête sur le visiteur, la chance est avec vous POUR LE MOMENT! Rendez-vous au numéro 84.

23

Pour éviter que le temple des vampires ne devienne votre tombeau, vous devez trouver, parmi ces ruines, une croix qui éloignera, espères-tu, ces monstres assoiffés de... VOTRE SANG! Cherche bien, elle est cachée sur cette image.

Si tu la trouves, va au numéro 81. Mais si, au contraire, elle demeure introuvable, rends-toi au numéro 51.

24

Observateur perspicace, tu as pu identifier le zombi parmi le groupe. En douce, vous vous dirigez vers les cages des animaux du cirque, disposées en croissant à l'écart. Dans le cirque du Docteur Vampire, il n'y a pas de tigres domptés, de lions féroces ni d'otaries savantes. On n'y trouve que les cobayes des expériences sordides du savant fou.

Dans la première cage, un tigre à deux têtes, aux griffes acérées, dévore du regard les deux zèbres cyclopes de la cage voisine. Un peu plus loin, une cage est vide. Mais l'est-elle vraiment? Peut-être contient-elle... le fantôme d'un animal quelconque? Un étrange grondement semble provenir d'une cage isolée des autres. GROOOUUURR! Quel étrange bruit!

Vous vous dirigez vers elle à pas feutrés. Pourquoi est-elle à l'écart dans la pénombre? Encore une fois, le grondement se fait entendre et te glace le sang. GROOOOUUUURR!

Le coeur qui bat la chamade, vous vous approchez de la cage qui se trouve au numéro 15.

25

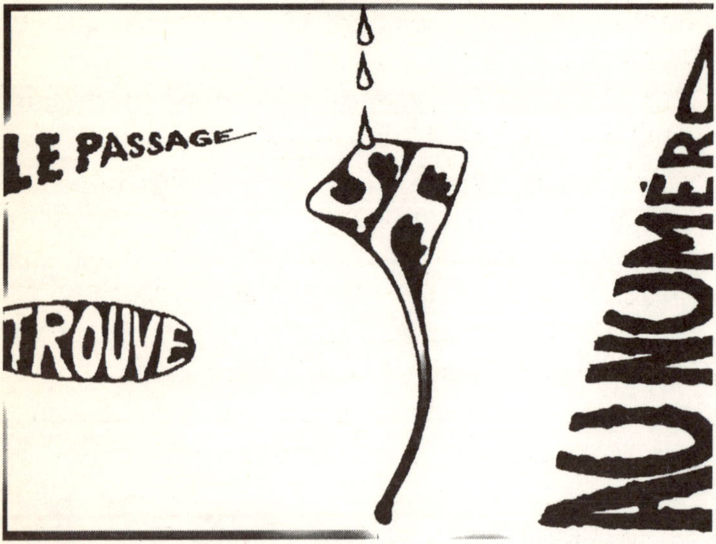

Observe bien cette image. Si tu réussis à déchiffrer ce graffiti, il te révélera le numéro pour te rendre au passage secret qui te mènera en lieu sûr. Si, par contre, tu n'y parviens pas, garde ton sang froid et rends-toi au numéro 73.

26

Alors que vous vous dirigez vers les kiosques de friandises, la grande porte d'entrée se referme et vous fait sursauter. **BLAAANG!** La clé tourne trois fois dans la serrure... «Diable, il n'y a personne à la porte! murmure Marjorie, apeurée. Comment est-ce possible?» demande-t-elle sans s'attendre à obtenir de réponse.

Un peu partout dans le cirque, les visiteurs déambulent sans se douter du danger qui les guette. Mais il est bien présent, ce vampire : plusieurs signes attestent sa présence. Le brouillard roule en vague, entre de grandes statues de chauves-souris d'aspect sinistre. Sous les saules languissants, les araignées tissent d'étranges motifs. Tu sens monter en toi une crainte indescriptible, et il te vient un horrible doute : et si le Docteur Vampire n'était pas seul et qu'il y avait d'autres vampires dans ce cirque?

Près d'un kiosque, le préposé s'affaire à tourner un bout de carton dans une machine pour en ressortir... une barbe à papa! Il est masqué, probablement pour amuser les enfants. Tu fouilles dans ton porte-monnaie pour en acheter une. Lorsqu'il tend le bras pour prendre l'argent, son masque tombe par terre et vous laisse découvrir son visage hideux... «C'EST UN DÉMON DE PIERRE!» s'écrie Jean-Christophe, FUYONS!

Oui, ce colosse de roc vient des profondeurs embrasées de la terre. Il peut cracher un jet de lave et brûler tout un pâté de maisons d'un seul coup.

Ce serviteur du Docteur Vampire vous attrapera-t-il? TOURNE LES PAGES DU DESTIN pour le savoir.

S'il vous attrape, retrouvez-vous au numéro 35. Si vous avez réussi à fuir, courez au numéro 4.

27

«LA CARTE DU VAMPIRE! hurle-t-elle alors que s'élève brusquement le vent. Vous avez été choisi pour confronter le savant fou... Le DOCTEUR VAMPIRE! Allez, sortez d'ici et préparez-vous à lui faire face.»

Comme vous l'a révélé la voyante, votre destinée est maintenant toute tracée. Une confrontation avec le Docteur Vampire est inévitable. Tu as maintenant l'affreuse impression d'être l'acteur principal d'un spectacle qui se terminera en cauchemar. Mais tu sais, dans une joie presque inhumaine, que bientôt, celui qui s'envole la nuit pour boire le sang des innocentes victimes vous accordera à tous les trois peut-être... UNE ULTIME RENCONTRE!

Allez au numéro 44.

28

LA CLÉ! J'ai réussi à la trouver, cries-tu à tes amis maintenant rassurés. Sans attendre, tu l'insères dans le trou de la serrure. Un tour vers la droite, CHLIC! et la porte s'ouvre. OUF!

Vous passez sur un petit pont qui surplombe une dégoûtante rivière de liquide gélatineux en ébullition. De l'autre côté de la rive, un étonnant spectacle est en cours, celui de Monsieur Nomed, LE BOULET DE CANON HUMAIN.

«Assoyons-nous, vous dit Marjorie, subjuguée, je ne veux pas manquer ça.» Tous les trois confortablement installés dans l'estrade, vous observez silencieusement l'étonnant rituel qui précède la mise à feu de l'immense canon. Au milieu d'un cercle formé de pierres, Monsieur Nomed, l'homme-boulet, prononce quelques paroles incompréhensibles. Soudain, il explose en flammes.

Certains que le spectacle a tourné à la catastrophe, vous vous approchez pour venir en aide au malheureux.

Rendez-vous au numéro 22.

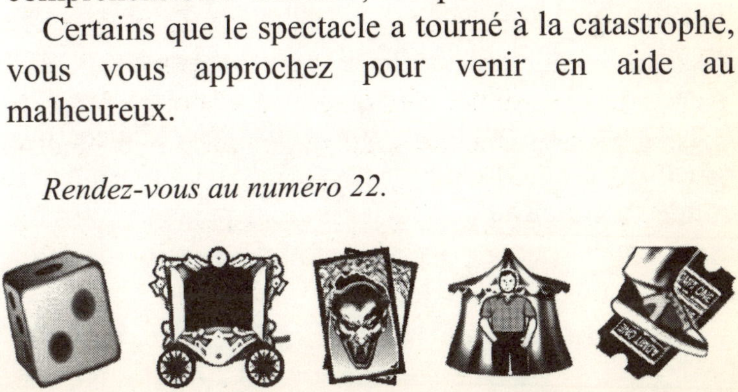

Dans le ciel, la lune semble prisonnière dans l'enchevêtrement de la structure des montagnes russes. En marchant vers le manège, vous remarquez à l'entrée d'une grande tente un magicien au visage caché par un masque horrifiant, sur le point d'exécuter le tour archi-classique du lapin dans un chapeau. Mais à ton grand dégoût, il en sort une terrifiante chauve-souris morte et à demi-décomposée qu'il se met à dévorer. OUARK! Tu parles d'un spectacle dégoûtant.... Ce magicien masqué est-il tout simplement un autre des monstres-mutants du Docteur Vampire?

À l'entrée du manège, Marjorie vous fait remarquer en pointant son index sur l'armature rafistolée avec des ossements qu'elle n'a pas l'air très solide, cette attraction! Même que, par endroits, on dirait qu'il n'y a que les toiles d'araignées qui retiennent le tout, ajoute-t-elle.

«Regardez tout en haut du manège, à travers le brouillard. Il y a une sorte de tunnel survolé par une nuée de chauves-souris, souligne Jean-Christophe. Dans *L'Encyclopédie noire de l'épouvante*, il est écrit que les vampires sont toujours accompagnés d'une nuée de chauves-souris qui sont un peu les gardiennes de leur sommeil. Le Docteur Vampire doit certainement se trouver là-haut. Allons-y!»

Devant vous, deux *buggies* en forme de dragon chinois attendent des passagers pour les entraîner dans une folle course sur les pentes et les descentes vertigineuses des montagnes russes. Vous embarquez sans hésiter dans le premier, qui roule aussitôt vers la première remontée mécanique. Pendant l'ascension, le cliquetis du mécanisme vous rappelle les secondes d'une horloge qui s'égrènent pour vous indiquer que minuit approche. Malheureusement, tout en haut du manège, la voie se sépare en deux.

Pour prendre le bon chemin, tu dois TOURNER LES PAGES DU DESTIN et obtenir plus de trois avec le dé.

Si tu obtiens, 1, 2 ou 3, la malchance est avec vous. Roulez jusqu'au numéro 3.

Mais si, par chance, tu obtiens 4, 5 ou 6 sur le dé, laissez-vous glisser jusqu'au numéro 21.

20

Observe bien les gradins et rends-toi ensuite au numéro 65.

21

Après cette laborieuse ascension, vous tentez de respirer normalement, mais en vain, car l'effrayant spectacle qui s'offre à vous est à couper le souffle. Sur le toit de la maison hantée, vous contemplez la lune qui baigne de sa clarté blafarde les différentes attractions du cirque et lui donne un air des plus macabres et inhospitaliers.

«Le cirque est beaucoup trop vaste, nous ne retrouverons jamais le Docteur Vampire, dis-tu à tes amis. Avec tous ces manèges, toutes ces tentes et tous ces chapiteaux, nous aurons un mal fou à le dénicher. Il peut se cacher n'importe où!»

Au moment où vous vous apprêtez à redescendre, un battement d'ailes étouffé se fait entendre, celui d'une chauve-souris géante... Elle passe en virevoltant au-dessus de vos têtes et poursuit son vol désordonné pour finalement se poser près du grand chapiteau, à côté des montagnes russes. Soudain, sous vos yeux agrandis d'étonnement, la chauve-souris se métamorphose, et prend une forme humaine... «LE DOCTEUR VAMPIRE!» hurlez-vous tous les trois à l'unisson tandis qu'il disparaît en éclatant d'un rire hystérique sous la grande tente...

Malheureusement, ce «cadavre buveur de sang» ne se cachait pas dans la maison hantée : vous devez donc recommencer. Maintenant que vous avez une petite idée de l'endroit où il se trouve, retournez à l'entrée au numéro 10 et recommencez votre aventure. BONNE CHASSE AUX VAMPIRES...

32

Vous marchez vers le grand chapiteau, et une tornade de poussière se déchaîne autour de vous, si forte que vous tombez à genoux. La grande tente est si proche et si loin à la fois. Rassemblant toutes vos forces, vous réussissez à vous relever. Brusquement, tout devient noir autour de vous, comme si on avait éteint la lune de la même façon qu'on souffle une bougie.

Moins impétueux, le vent se calme, vous permettant d'entrer dans le chapiteau. L'endroit semble désert, habité seulement par un inquiétant silence.

«Nous sommes en avance, le spectacle du vampire ne commence qu'à minuit», dit Jean-Christophe en s'assoyant dans les gradins vides. Au loin, quelques chiens-loups hurlent et annoncent que minuit approche, comme le fait le coq au lever du jour. OOOOUUUUUU!

Dans l'arène centrale, quelques machinistes s'affairent à préparer la piste. Par terre, les taches de sang trahissent odieusement les mauvaises intentions du vampire... IL BOIRA LE SANG DES SPECTATEURS CE SOIR À MINUIT!

Vous devez l'en empêcher coûte que coûte. Rendez-vous au numéro 52.

22

«J'AI GAGNÉ! J'AI GAGNÉ! s'écrie Marjorie, folle de joie. Nous l'avons, ce fameux détecteur de monstres.

— Donne-le moi, je sais comment il marche, prétend Jean-Christophe en poussant sur l'interrupteur. Voilà! dit-il tandis que la petite machine s'illumine de lumières multicolores.

— Comment fait-on maintenant pour savoir où il se trouve, ce Docteur Vampire? lui demandes-tu, impatient de passer à l'action.

— C'est assez simple, précise-t-il. Il suffit de taper sur le clavier le mot "vampire" et c'est tout ; le radar indiquera l'endroit précis où il se trouve.

— Alors, vas-y! Qu'est-ce que tu attends? lui dites-vous à l'unisson.

— D'accord, je tape : V-A-M-P-I-R-E et j'appuie sur la touche "Activer".» Soudain, les lumières se mettent à clignoter et le radar, à tournoyer. Après quelques tours, il s'arrête...

«LES MONTAGNES RUSSES! Il indique les montagnes russes, répète Jean-Christophe en vérifiant

l'angle du petit radar. Il faut retourner à l'entrée, au numéro 10. En passant par les montagnes russes, nous trouverons ce cadavre buveur de sang...»

24

Les murs de la tente sont recouverts d'une multitude de tissus aux étranges motifs. Une mosaïque de tapis guide vos pas jusqu'à une grande pièce. Vous regardez tout autour de vous : il n'y a personne. Au centre, une boule de cristal posée sur un autel vous renvoie les lueurs vacillantes des deux chandeliers qui éclairent l'endroit. Partout flotte l'odeur agréable de l'encens qui parfume l'air et vous enivre.

«Nous sommes sûrement sous la tente de la voyante du cirque, dit Jean-Christophe, qui s'arrête, frappé de stupeur, lorsque apparaît subitement une très vieille femme au visage voilé et au dos recourbé.

— Je m'appelle Ojoj Dravas, vous dit-elle de sa voix tremblante. Je suis la voyante aveugle... Je suis aussi cartomancienne, je peux lire dans le passé et prédire l'avenir.

Pour connaître votre avenir, TOURNEZ LES PAGES DU DESTIN.»

Si vous vous êtes arrêtés sur la carte de la mort, allez au numéro 83.

Et si vous êtes tombés sur la carte du vampire, HA! HA! HA! Rendez-vous au numéro 27.

35

Les doigts crochus de sa main de pierre s'enfoncent dans ton bras, la douleur est vive. Il te soulève comme une vulgaire poupée de chiffon. Pris d'une indicible peur, tes amis ne peuvent que regarder, impuissants, l'énorme monstre te soulever pour te balancer au-dessus de sa bouche.

«Je ne peux pas laisser ce gros caillou stupide bouffer mon ami, se dit Marjorie. IL FAUT COMBATTRE LE FEU PAR LE FEU!» crie-t-elle en empoignant une roche. Le dos courbé au maximum, la pierre entre les mains, les dents serrées de colère, elle s'élance de toutes ses forces et heurte de plein fouet le démon.

L'impact est d'une telle puissance que la tête du démon vole en poussière. Maintenant devenu une masse inerte, le monstre de roc lâche son emprise, et tu te retrouves sur le sol. Du trou béant laissé par sa répugnante tête de pierre s'écoule, comme d'un volcan, un jet continu de lave qui éclabousse ton jean.

«Merci... DAVID! lances-tu à Marjorie en faisant référence à la légende de "David et Goliath". Tu m'as sauvé, mais regarde mon jean! Il est foutu! Il est troué comme ceux des chanteurs rock...

— Les pertes sont minimes et, de toutes façons, je trouve que ça te va à ravir», te dit-elle en souriant.

Votre prochaine étape, le numéro 60.

26

Les toiles d'araignées, les arbres morts et dénudés, les chauves-souris qui virevoltent dans le ciel à demi éclairé par la lune, tout cela baignant dans un brouillard sinistre, donnent à cet endroit un air des plus lugubres. «C'est un cirque ou un cimetière?» demande Marjorie. Avec raison, car dans cet endroit si sombre et si macabre, quelques monstres horrifiants peuvent surgir à tout moment.

Le pavillon des jeux d'adresse est plutôt désert. Vous vous présentez au stand de tir. Le préposé, vieil homme rabougri au comportement bizarre, vous offre de tenter votre chance. Vous acceptez son invitation. Il vous conduit à l'intérieur d'un petit cubicule de bois et referme la porte. Surpris, vous vous retrouvez dans la noirceur totale.

L'ouverture aménagée pour les tireurs s'ouvre subitement, laissant pénétrer la lumière. Trois silhouettes armées de carabines émergent de l'ombre. La peau pâle, les yeux injectés de sang et les canines bien pointues, CE SONT DES VAMPIRES! Vous êtes tombés dans un piège...

Pour éviter de servir de cibles à ce jeu dangereux, vous devez fuir à tout prix, PAR LA PORTE! Et vite...

***TOURNEZ LES PAGES DU DESTIN** pour savoir si elle est verrouillée.*

Si elle est verrouillée, un triste sort vous attend au numéro 9.

Si, par chance, elle s'ouvre, FUYEZ! sans jamais regarder en arrière jusqu'au numéro 59.

37

Vous vous hâtez vers le miroir qui, selon les indications inscrites sur le papier, comporte un passage secret. Vous examinez rigoureusement sa surface sans trouver quoi que se soit. «Je sens que ça va chauffer si nous ne trouvons pas ce fichu passage, dis-tu à tes amis en palpant un peu partout autour de toi. Il y a sûrement un quelconque mécanisme caché quelque part.»

Pendant que vous vous affairez à chercher le passage, le bouffon cracheur de feu gonfle ses joues et souffle vers vous une boule enflammée qui passe tout près de toi et fracasse le miroir qui cachait le mystérieux passage. **CRAAAC!** Sans hésiter, vous vous engouffrez dans la brèche qui ressemble à une bouche énorme à cause des bouts de verres brisés en forme de dents qui pendent à l'entrée. Après une brève course dans les dédales obscurs du passage, vous vous retrouvez loin du danger, dans une autre partie du labyrinthe.

«Vous avez vu! On s'en est très bien tiré, s'exclame Marjorie contente d'être sortie de ce mauvais pas. Rien ne peut nous arrêter, nous, LES TÉMÉRAIRES DE L'HORREUR. Où est-il ce vampire de malheur, il n'a pas fini avec nous, ça va être sa fête...

— Oui, mais en attendant, je crois que TU BRÛLES! lui cries-tu.

— Je brûle! Tu veux dire qu'il est tout près... OÙ

EST-IL? OÙ EST-IL? hurle Marjorie en cherchant tout autour d'elle le vampire. Dis-moi où il est!

— Non, c'est ta casquette qui brûle, petite idiote! lui réponds-tu. VITE! ENLÈVE-LA...

— AÏE! crie-t-elle en lançant sa casquette par terre. Il a fait flamber ma casquette neuve, cet imbécile de clown», ajoute-t-elle en la regardant se consumer dans un coin.

Maintenant, marchez jusqu'au numéro 19.

28

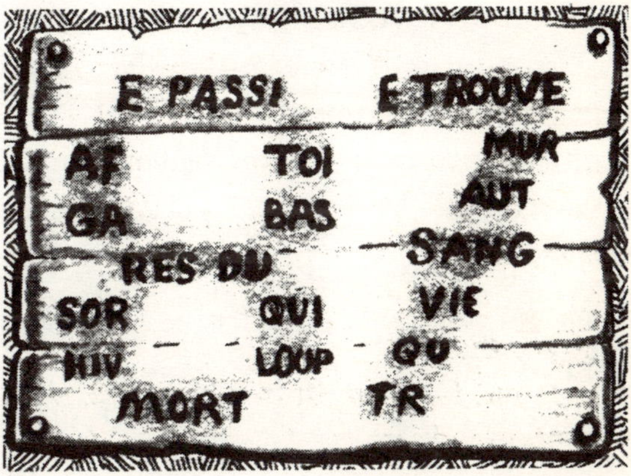

Examine bien cette image. Cette pancarte t'indiquera le

numéro qui te conduira loin de l'homme-crocodile. Par contre, si tu ne réussis pas à la déchiffrer, rends-toi au numéro 66.

29

«Attendez! s'exclame Jean-Christophe en fouillant dans son sac à dos pour en ressortir... de l'ail. TIENS, SALE MONSTRE! Renifle ça et disparais, crie-t-il en tournant la grappe de gousses d'ail au-dessus de sa tête afin d'en parfumer l'air de son odeur forte et si repoussante pour un vampire.

— C'est inutile, je ne suis pas un vampire, je ne suis qu'un zombi qui a perdu la tête, répond le clown. Je ne suis nullement affecté par l'ail, il me donne plutôt une envie terrible : celle de manger du spaghetti aux vers de terre. GRRRRRRRR!

— Eh-eh bien, attends un-un peu, da-dans ce cas je voudrais te proposer un marché, bégaies-tu au zombi pour gagner du temps. Si tu nous laisses passer, je promets de t'inviter à souper un soir de pleine lune chez moi. Ma mère fait un excellent spaghetti. Un zombi à dîner, ça serait loin d'être banal...

— HAAA-HAA-HA! Je dois refuser cette alléchante invitation, répond le zombi de sa voix caverneuse, EURRRH car, vois-tu, je préfère manger... DE LA CHAIR HUMAINE!

— ALORS, TANT PIS POUR TOI!» hurle Marjorie, qui pendant que tu discutais avec le clown-zombi en a profité pour se glisser près de lui afin d'expédier, d'un coup de pied rapide et précis, la tête du monstre dans une poubelle quelques mètres plus loin.

«OUI! crie-t-elle, enchantée d'avoir mis le zombi K.-O. Au soccer, je suis la meilleure de ma classe. Le pointage après quelques minutes de jeu : les Téméraires de l'horreur, UN, et le Docteur Vampire et toute sa bande de dégoûtants mutants, ZÉRO... OUUUAIS!»

Devenu impuissant, le zombi s'éloigne les bras levés en cherchant désespérément son horrible tête. Vous le regardez tituber et tomber dans l'herbe haute avant de vous diriger vers le grand chapiteau, qui se trouve au numéro 32.

40

Quel malheur, elle vous a attrapés, pas avec ses mains répugnantes cependant, mais plutôt avec son

corps gélatineux et purulent. Collés à sa peau par les pustules visqueuses, vous vous engloutissez peu à peu au son de sa digestion dans ses bourrelets de chair et de graisse en décomposition. Vous faites maintenant partie de la femme-zombi la plus grosse du monde, qui est aussi... LA FEMME DU DOCTEUR VAMPIRE!

FIN

41

Vous continuez votre marche pendant des heures sans trouver la sortie de cet immense labyrinthe. «Y en a-t-il une?», vous demandez-vous. Votre inquiétude augmente. Par terre, les squelettes qui jonchent le plancher ne sont guère rassurants. Devant vous, l'interminable corridor de miroirs semble refléter le sourire narquois du vampire.

VOUS ÊTES PERDUS! Impossible de savoir l'heure qu'il est. Pendant des jours et même des semaines, vous ne savez plus trop, vous errez sans fin entre les miroirs qui vous renvoient votre reflet vieillissant. Oui votre reflet, votre seul compagnon pour l'éternité.

FIN

42

Sans hésiter, tu prends le chandelier, que tu allumes avec les allumettes qu'il y avait tout près. La lueur des chandelles te fait découvrir un étroit passage qui servira à votre fuite. Vous progressez dans un tunnel exigu, dans lequel coule une eau glauque. Quelques sangsues se collent à vos chevilles et vous sucent le sang.

«LÂCHEZ-MOI, ESPÈCES DE MINI-VAMPIRES!» s'écrie Marjorie en exécutant quelques pas de danse pour se débarrasser de ces vilaines bestioles.

Vous continuez votre marche dans l'obscurité chargée de poussière que la lueur du chandelier arrive à peine à percer. Un peu plus loin, le tunnel débouche sur un escalier de bois pourri qui tourne en colimaçon. Son ascension ne se fait pas sans difficulté. Chaque pas sur ces marches délabrées est une aventure et demande mille précautions.

Tu passes près de tomber lorsqu'une chauve-souris qui était accrochée au plafond s'envole et s'engouffre dans la noirceur. Tout en haut, une lourde porte aux gonds crasseux s'ouvre sur une grande salle. Sur les murs, des tableaux sur lesquels sont peints toutes sortes de monstres horribles. Devant l'un d'eux, un visiteur immobile semble hypnotisé par le fascinant portrait.

Allez maintenant au numéro 50.

42

«Dans le fond de la pièce se trouvent des sarcophages ; allons nous y cacher...

— VITE!» s'écrie Jean-Christophe en s'y dirigeant promptement.

Sans prendre le temps de savoir s'il était déjà occupé, tu te couches dans le cercueil. L'air y est insupportable. Couvert de sueur, le coeur battant à tout rompre, tu finis par t'évanouir.

Plus tard, tu te réveilles. Tu es toujours à l'intérieur du sarcophage. Tu demeures immobile quelques instants pour écouter. Plus rien. Le zombi semble s'être retiré, probablement vers sa tombe ou son infecte sépulture.

En soulevant doucement le couvercle, tu constates en effet que le monstre a disparu. Soulagé, tu remarques par contre que tu es un peu serré dans tes vêtements... Tu découvres avec horreur que tu es complètement drapé dans des bandelettes de tissu blanc. Oui, pendant que tu étais inconscient, les monstres t'ont transformé en... MOMIE!

Depuis cette soirée funeste, il y a une nouvelle attraction au cirque du Docteur Vampire. Les gens d'un peu partout dans le monde viennent pour vous voir, vous trois... LES JEUNES MOMIES!

FIN

44

NYAAAAAARGH!

Un cri horrible se fait entendre et vous saisit de peur. Vous faites un rapide tour d'horizon, mais vous n'apercevez pas la créature susceptible d'avoir lancé ce cri. Sur les dalles de pierres, il y a cependant quelques gouttes de sang vermillon... LE SANG D'UNE AUTRE VICTIME! Si minces que soient vos chances de réussir, vous poursuivez votre chasse aux vampires.

Tout près sur le sol, un papier qui virevolte au vent attire ton attention.

«Il y a quelque chose d'écrit sur ce papier, dit Jean-Chistophe en le prenant du bout des doigts. En effet, c'est un message de détresse», ajoute-t-il.

Suspendus à ses lèvres, vous écoutez.

«Le Docteur Vampire m'a enlevée, venez me secourir, sinon il boira mon sang ce soir à minuit sous le grand chapiteau. Pour vous y rendre, vous devez passer par les montagnes russes ou la maison hantée. Faites bien attention, il n'est jamais seul.

— Nous ne sommes pas sur la bonne route, s'exclame Jean-Christophe. VITE! il faut retourner à l'entrée au numéro 10 et recommencer afin de sauver cette malheureuse...»

45

Le terrain descend en pente douce et vous pousse à marcher rapidement. Vous longez la clôture rongée par la moisissure de l'enceinte. Ton pied heurte soudain quelque chose. **TCHOP!**

Tu te retournes. Dans l'ombre, deux paires d'yeux lumineux sont fixés sur toi. Un frisson d'horreur te parcourt le corps. «Qu'est-ce que c'est? demandes-tu sans t'attendre à recevoir une réponse. Deux monstres féroces peut-être?»

Tu te rends soudainement compte qu'il s'agit non pas de deux monstres, mais d'un seul, UN CHIEN À

QUATRE YEUX.

Ce chien-mutant est le fruit d'une expérience diabolique du Docteur Vampire. La pauvre bête semble avoir aussi peur que vous. Elle s'approche en gémissant. Marjorie lui caresse la tête de la main. «Qu'adviendra-t-il de lui si nous réussissons à anéantir ce savant fou? demande-t-elle en abandonnant le triste animal à son sort.

— Si nous réussissons, tous les animaux de ce cirque retrouveront leur apparence normale, affirme avec certitude Jean-Christophe. Mais le maître vampire doit absolument être éliminé...»

Vous reprenez le raccourci qui vous ramène à nouveau à l'entrée, au numéro 10.

46

Après tout ce trajet périlleux et ce long tunnel souterrain, vous vous retrouvez encore une fois au pavillon des jeux d'adresse. Vous en profitez pour faire le tour des différents kiosques, en quête d'information pouvant vous aider à trouver le Docteur Vampire.

«Voyons voir, qu'est-ce que nous pourrions tenter de gagner, te demandes-tu en examinant les étagères de prix. Des ballons? Des oursons en peluche?

— NON! Pas d'oursons en peluche, ça me rappelle trop de mauvais souvenirs, s'écrie Marjorie qui les a en horreur depuis votre dernière aventure.

— Tiens! Regardez, tout près des figurines des QUATRE TORTUES COWBOYS, il y a une étrange petite machine munie d'un radar. Qu'est-ce que c'est au juste que ce bidule? demandes-tu à Jean-Christophe, les yeux agrandis par ta trouvaille.

— C'EST UN DÉTECTEUR DE MONSTRES! Depuis le temps que j'en cherche un, s'exclame-t-il, il nous le faut absolument. Avec cet appareil, nous pourrons savoir exactement où se trouve le Docteur Vampire.

Mais pour gagner ce petit trésor, il faut jouer, et pour jouer, tu dois te rendre au numéro 61.

47

Le monstre se rapproche. Étant donné la pénombre et les miroirs qui déforment sa silhouette, il vous est difficile de savoir à qui vous avez affaire. Mais son image ne demeure pas floue très longtemps. Non, il bondit sur vous dans un fracas épouvantable. Le choc est si rude que vous tombez tous les trois à la renverse. **BLAAANG!** Sur le sol, tu pousses un cri d'agonie.

En te tournant la tête d'un côté et de l'autre, tu cherches à recouvrer tes esprits. Devant vous, il se dresse, gueule ouverte et bras tendus, prêt à attaquer de nouveau. Cette fois-ci, c'est sérieux. Vos chances de vous en sortir sont plutôt faibles. C'est un homme-crocodile qui vous attaque. Ses dents acérées peuvent vous blesser grièvement. Sa peau est si dure que vous ne pouvez rien contre une telle armure.

Au moment où tu t'apprêtes à te relever, tu remarques sur le mur une pancarte indiquant une sortie, une fuite possible de cet enclos de verre. Rongée par le temps et la moisissure, elle est cependant incomplète. Mais si tu réussis à déchiffrer tout de même son message, elle t'indiquera le chemin qui vous conduira loin de ce monstre.

Rends-toi au numéro 38.

48

Vous n'avez pas trouvé le chandelier? Quel dommage... Maintenant vous n'avez plus le choix, vous devez affronter l'homme-serpent.

Sans attendre et avec l'énergie du désespoir, vous lui lancez tout ce qui vous tombe sous la main : un os, une vieille chaise brisée, une statuette de vampire, des vieux bouquins, un chandelier... UN CHANDELIER? «Mais où étais-tu tout à l'heure?» lui demandes-tu comme s'il allait te répondre. Comme il est désormais inutile, tu le lances près du monstre, où il se brise en plusieurs morceaux.

Vous tentez de prendre la fuite, mais avant de pouvoir faire le moindre geste, tu sens une vive douleur à la jambe... LE MONSTRE T'A MORDU!

Selon toute vraisemblance, il a injecté dans ton sang un venin qui commence rapidement à circuler dans tes veines. À la place d'un cri de douleur, un son strident sort de ta gorge. Apparemment, sa morsure n'était pas mortelle. Le venin a tout simplement le même effet que la potion maléfique du savant fou. Peu à peu, tu auras complètement mué en serpent. Tu seras devenu, par le fait même, une autre des nombreuses victimes du CIRQUE DU DOCTEUR VAMPIRE...

FIN

49

QUELLE MALCHANCE! Vous ne l'avez pas trouvée. L'araignée se rapproche de plus en plus en brandissant ses mandibules pointues et répugnantes. Vous inspectez encore une fois les lieux. Vous n'avez pas d'autre solution. Vous devez, en vous élançant de toutes vos forces vers la toile, tenter de la déchirer d'un solide coup d'épaule.

«À trois, nous y allons tous ensemble», s'écrie Marjorie. Et dans un élan de désespoir, vous vous élancez sur la toile qui résiste malgré votre effort. Agglutinés dans la toile visqueuse, vous ne pouvez plus vous dégager.

L'araignée géante se rapproche, se rapproche... Inlassablement elle file, ourdit et tisse autour de vous sa toile jusqu'à ce qu'elle vous ait enveloppés dans d'immenses cocons avant de disparaître dans l'obscurité.

Les heures passent avant que des battements d'ailes étouffés se fassent entendre. Comme dans un cauchemar, une silhouette apparaît et s'avance, devenant une trop certaine réalité. Les dents qui brillent dans la noirceur trahissent son identité. L'araignée vous avait préparé comme repas pour le... DOCTEUR VAMPIRE!

FIN

50

Curieusement, sur chacun de ces portraits, les personnes qui sont dessinées ont le teint anormalement pâle et les canines un peu trop protubérantes. Il n'en faut pas plus à Jean-Christophe pour découvrir dans quel endroit sordide vous êtes tombés... «SAPRISTI! Nous sommes dans la galerie des tableaux-vampires!

— Vous ne devez à aucun moment regarder les yeux des vampires de ces peintures, insiste-t-il, car ils vous hypnotiseraient pour ensuite vous vider de toute votre énergie vitale. Regardez! Ce visiteur n'est maintenant plus qu'un squelette desséché...»

En effet, devant le tableau, l'homme n'est plus qu'une carcasse desséchée, qui, tout à coup, s'effondre et tourne en poussière. Il vous faut à tout prix sortir d'ici et vite, car si tes yeux croisent le regard d'un vampire sur une des peintures... TU SUBIRAS LE MÊME SORT!

Dans un coin, près d'un immense tableau représentant toute une dégoûtante famille de suceurs de sang, se trouve une porte. C'est la seule sortie

hors de ces murs menaçants. Espérons qu'elle n'est pas verrouillée.

***TOURNE LES PAGES DU DESTIN** afin de le savoir.*

Si elle n'est pas verrouillée, sauvez-vous au numéro 14.
Mais si, par malheur, elle est fermée à clé, rendez-vous au numéro 74.

51

Vous vous précipitez hors des murs du temple. Les vampires font un bond prodigieux, vous barrent la route et pointent dangereusement leurs canines vers vous. Une peur impossible à dissimuler vous étrangle.

Dans un sursaut de courage, tu leurs lances la pièce de bois enflammée qui te servait de torche. Le feu embrase aussitôt les vêtements d'un des vampires qui se met à hurler d'agonie. **HRUI-I-I-I-I!**

Vous profitez de la confusion pour vous cacher dans un abri précaire : une crevasse!

La puanteur âcre du corps en flammes vous prend à la gorge. La fumée qui commence à s'accumuler se fait si dense que vous arrivez à peine à voir autour de vous. Les vampires pris de panique volent dans tous les sens. Affolé, l'un d'eux s'envole et heurte de plein fouet le pilier central qui soutenait toute la voûte. Tout s'effondre.

BRRRRRRRRRROOUUMM!

Pour toi et tes amis, c'est une triste...

FIN

52

Une chauve-souris géante entre soudain dans la grande tente et se pose tout en bas des gradins où vous êtes.

«C'est lui, j'en suis sûr, murmure Jean-Christophe en fouillant dans son sac à dos. Regardez à son cou, il porte la moitié d'un médaillon. Le fameux médaillon d'Amon-Râ, le dieu égyptien du soleil. Et moi, regardez, j'ai l'autre moitié, ajoute-t-il en exhibant un demi-médaillon en forme de soleil.

— Mais comment as-tu pu savoir pour ce collier? lui demandes-tu.

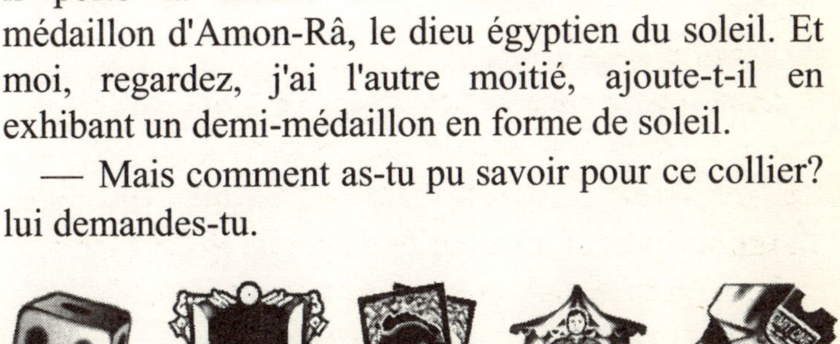

— J'ai tout ce qu'il faut dans mon sac à dos, te répond-il. Ail, eau bénite, balle d'argent, TOUT! Il suffit de coller cette partie du pendentif à l'autre. Lorsque les deux pièces seront réunies, le collier dégagera une lumière si vive qu'elle détruira le vampire en le désintégrant.

— Mais tu es fou! Comment allons-nous nous approcher de ce monstre? demandes-tu. Je crois que nous devrions aller voir la police. Avec tous les renseignements que nous avons amassés, ils pourront s'occuper du Docteur Vampire et de ses acolytes.»

NON! demain matin il sera trop tard, ils auront quitté la ville. Il vous faut agir tout de suite... Allez au numéro 93.

53

Le tigre-pieuvre ne vous a pas attrapés, mais il a entrepris de vous pourchasser dans le cirque jusqu'à ce qu'il puisse assouvir sa faim de chair fraîche.

Tu cours parmi les différents kiosques, mais tu t'arrêtes subitement devant l'un d'eux. «VOUS AVEZ DE LA MONNAIE? Donnez-moi votre monnaie vite, ordonnes-tu d'un ton pressé.

— MAIS T'ES DINGUE! CE N'EST PAS LE TEMPS DE MANGER DES HOT-DOGS! Le monstre est tout près, te crie Jean-Christophe exaspéré, que tu agrippes au vol pour lui prendre ses sous. D'accord, tiens voilà mon argent, te lance-t-il, qu'est-ce que tu vas en faire?»

Avec l'argent, ce n'est pas des hot-dogs que tu achètes, mais des pétards. Quatre paquets de gros pétards que tu lances aussitôt allumés entre les tentacules du tigre-pieuvre. Le résultat ne se fait pas attendre. Le monstre, croyant recevoir quelques saucisses bien «épicées», avale le tout sans se douter de rien. **BOOOOUUUM!** Comme tu l'avais prévu, l'explosion détruit sur le coup le monstre, ne laissant qu'une carcasse d'où s'écoule un répugnant liquide verdâtre.

Vous enjambez avec dégoût les restes fumants de la bête mutante pour vous rendre au numéro 62.

54

C'est vrai qu'il était difficile de le dénicher parmi la foule. Mais contrairement à vous, lui, il vous a bien vus. Vous partez à courir. Sans regarder en arrière, vous traversez d'un bout à l'autre le parc d'attractions. En contournant l'un des kiosques de souvenirs, vous apercevez une brèche dans la clôture.

De l'autre côté, une vaste forêt d'arbres géants. Jamais personne n'a osé y pénétrer, car on s'y perdrait à coup sûr. Mais avec le Docteur Vampire à vos trousses, vous n'avez pas le choix. Sans en calculer le risque, vous vous y engouffrez jusqu'à ce que vous soyez vraiment... PERDUS!

Quelques années plus tard, cette forêt est surnommée «LA FORÊT DES ARBRES PLEURNICHEURS», car on raconte que par certaines nuits, lorsque le vent se calme, on peut entendre les plaintes des trois Téméraires de l'horreur, toujours égarés depuis cette soirée fatidique... où LE CIRQUE DU DOCTEUR VAMPIRE était en ville!

FIN

55

Lorsque tu te relèves, tu te rends compte que vous vous retrouvez juste en face de la file d'attente pour «LE TOURBILLON», une sorte de manège complètement débile qui tourne si vite que vous pouvez en perdre... VOTRE PANTALON!

Observez bien ce groupe de personnes, et puis rendez-vous au numéro 77.

56

Tu prends le flacon. Hésitant, tu ôtes le bouchon de liège. Son odeur légèrement citronnée est peut-être un bon signe. Tu te verses quelques gouttes dans la bouche. La réaction est immédiate... DES POILS

COMMENCENT À POUSSER!

Tremblants de peur, Marjorie et Jean-Christophe reculent vers la porte. Dans un sursaut de courage, tu cries à tes amis de s'en aller.

«NON! Nous ne pouvons pas te laisser ainsi, proteste Jean-Christophe, qu'un frisson traverse de la tête aux pieds.

— PARTEZ! Laissez-moi pendant qu'il en est encore temps. FUYEZ! Avant que je devienne entièrement un... LOUP-GAROUUUUUUUU!

FIN

57

Sans hésiter, tu prends le paquet de gommes tout en te disant que si la clé n'était pas cachée dans ce paquet, au moins vous auriez quelque chose à vous mettre sous la dent.

«OUCH!» lances-tu en regardant ta main qui saigne abondamment. Tu viens de te faire mordre par un serpent qui était caché près du comptoir. Le visage grimaçant de douleur, tu te demandes si sa morsure est mortelle. La réponse ne tarde pas à venir. Affaibli par le venin, tu tombes sur le dos. Il fait soudainement très noir, très très noir...

FIN

58

«Je commence à être inquiet, dit Jean-Christophe en voyant le clown jongleur s'immobiliser. OH! OH! Je crois qu'il va nous lancer sa tête répugnante et pleine de vers...»

Comme Jean-Christophe l'avait anticipé, le clown se positionne comme le fait un joueur de bowling et lance sa tête. Elle roule jusqu'à toi. Tu fais un bond en arrière, mais trop tard, la tête s'arrête et te mord la cheville sans lâcher prise. Tu ressens un étrange picotement monter dans ta jambe. Sa morsure est venimeuse. Peu à peu, tout devient flou, tu perds conscience...

Plus tard, tu ouvres les yeux en criant, car à ton grand étonnement, tu te retrouves sur un lit d'hôpital. «QU'EST-CE QUI S'EST PASSÉ? Pourquoi suis-je ici? OÙ SONT MES AMIS?

demandes-tu à voix haute.

— Tout va bien, nous a confié le docteur, te dis ta mère. Nous pouvons rentrer à la maison maintenant, à la condition que tu boives chaque jour ton verre de sang.

Toi! Le petit vampire que tu es devenu...

FIN

59

«OUF! La porte s'ouvre, soupire Marjorie. Il s'en est fallu de peu.»

Un passage souterrain d'aspect sinistre se trouve devant vous. Le tronçon de la galerie est heureusement éclairé. Une torche soutenue au mur par une main squelettique fait danser ton ombre sur le sol qui descend en pente douce. Le silence est inquiétant. Tu saisis un bout de bois qui te servira de flambeau. Sa lueur ondulante guide maintenant tes pas.

Un peu plus loin, le passage débouche sur une immense grotte humide et très sombre dominée par les vestiges d'un vieux temple en ruine. Dans un coin, trois cercueils en bois vermoulu sont disposés pêle-mêle.

En passant près d'une colonne fissurée, Marjorie heurte accidentellement une pierre qui était en équilibre précaire. La pierre glisse et frappe de plein fouet un pilier qui s'effondre dans un fracas épouvantable.

BROOOOUMMMM!

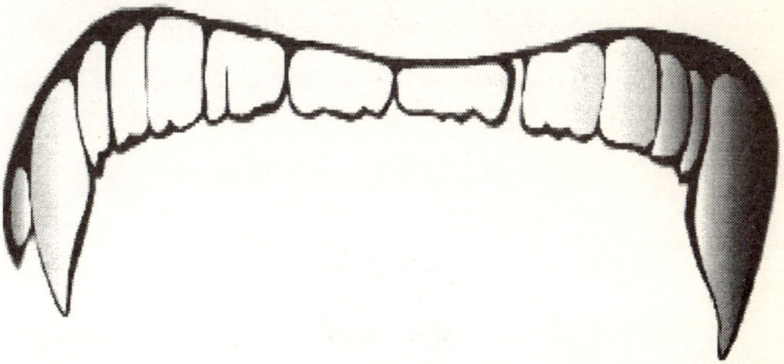

Réveillés par le vacarme, trois vampires bondissent hors des cercueils.

«SAPRISTI! CE SONT LES VAMPIRES DE L'ARCADE DE TIR... t'écries-tu, la bouche asséchée par la poussière. Et ils nous regardent comme si nous étions... des "SANG-WICHS".»

Courez vite au numéro 23.

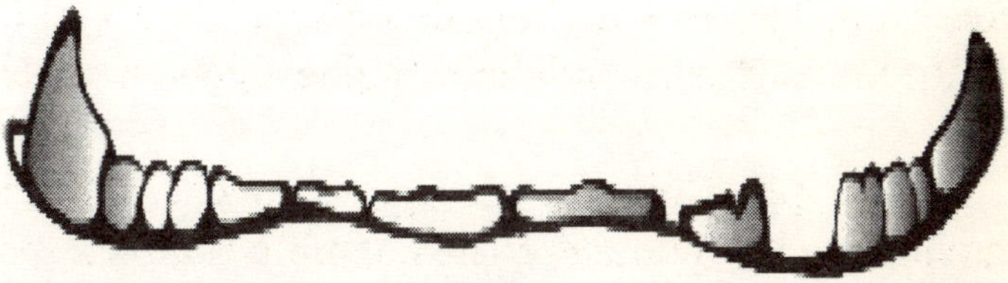

60

Dans le second kiosque, parmi tout un assortiment de dégoûtantes friandises, une clé a été cachée. Elle vous permettra d'accéder à la partie du cirque interdite aux visiteurs. Essaie de trouver cette clé en choisissant parmi les trois friandises.

Rends-toi au numéro inscrit sur celle que tu auras choisie...

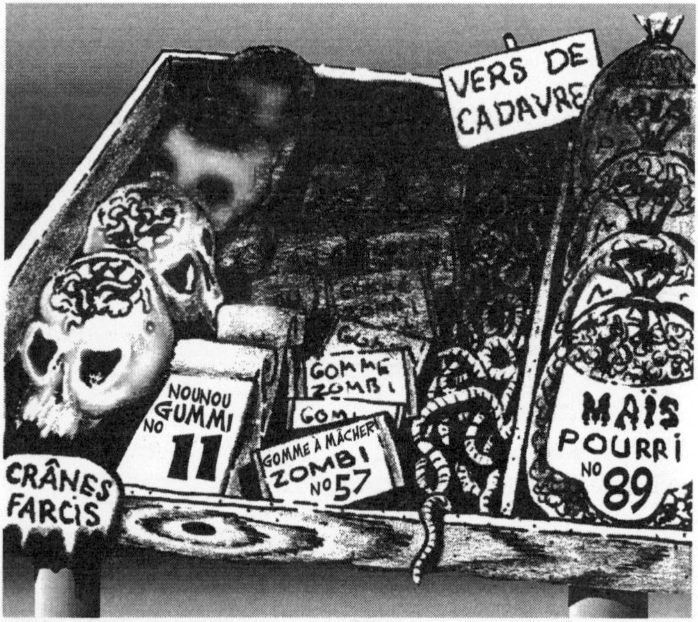

61

«À QUI LE TOUR? QUI VEUT JOUER? APPROCHEZ! hurle le bouffon grossièrement maquillé. C'est simple comme tout, un simple coup de dé. Il suffit de me battre pour choisir parmi ces merveilleux cadeaux... À QUI LE TOUR? APPROCHEZ...

— Marjorie, vas-y! Tu as toujours eu beaucoup de chance à ce jeu, la supplie son frère. Un coup de dé, et le détecteur de monstres est à nous...

— Je ne suis pas sûre, marmonne-t-elle, j'ai peur qu'il y ait un piège. C'est connu, ces jeux sont des attrape-nigauds. Et si je perds, que va-t-il m'arriver? Un vampire viendra me sucer le sang. Des zombis feront de moi une morte-vivante ou encore, un fantôme viendra me hanter la nuit...»

Persuadée par son frère que ses chances de gagner sont plus que bonnes, Marjorie accepte de jouer une partie contre le bouffon.

Pour savoir si Marjorie remportera la partie, tu dois TOURNER LES PAGES DU DESTIN deux fois. La première fois pour le bouffon. La seconde fois, pour Marjorie. Le coup de dé de Marjorie doit être supérieur à celui du bouffon.

Si Marjorie a remporté la partie, rendez-vous au numéro 33.

Mais si, par contre, le coup de dé du bouffon est supérieur à celui de Marjorie, il ne vous reste plus qu'à retourner tous les trois chacun chez vous, car il est maintenant trop tard pour agir. Partez au numéro 85.

62

Près des cages des animaux mutants du cirque, une voix vous appelle, qui semble provenir de l'une d'elles.

«NON! Je ne peux le croire. Quelqu'un est enfermé dans l'une de ces cages», t'écries-tu en t'y dirigeant promptement.

Devant la cage en question, la réalité est tout autre. Avez-vous la berlue? Pourtant non! C'est... UN OURS SAVANT QUI PARLE... Et il vous fait part de sa triste histoire. Tout jeune, il a été transformé par l'horrible Docteur Vampire. «Ce savant est complètement fou, vous confie-t-il, faites très attention.

— Comment a-t-il fait pour t'apprendre à parler? lui demandes-tu. Quelle espèce de potion t'a-t-il fait boire pour te donner l'usage de la parole?

— J'ai toujours parlé, te révèle-t-il. La potion qu'il m'a fait boire m'a transformé en ours. Avant, j'étais comme vous... une personne tout à fait NORMALE!»

Le Docteur Vampire ne perd rien pour attendre. Retournez à l'entrée au numéro 10. Cherchez-le bien. N'oubliez pas... VOUS ÉTIEZ SUR LA BONNE VOIE...

63

Un de ses tentacules s'enroule immédiatement autour de ta jambe. Désespérément, tes amis tentent de te retenir mais le tigre-pieuvre les attrape eux aussi. Il vous tire irrémédiablement vers sa gueule béante... pour assouvir sa...

FAIM

64

La clé demeure introuvable. Devant vous, le vieil homme tout ratatiné n'a pas l'intention de vous laisser une seconde chance. Il allume une sorte de pétard, qu'il lance aussitôt dans votre direction. Une fumée suffocante s'en dégage. Tu te sens si étourdi que tu t'évanouis.

Plus tard, tu te réveilles. Combien de temps a passé? Des minutes? Des heures? Peut-être plus... Tu ouvres les yeux, mais c'est inutile, il fait trop noir. Étendu sur le dos, tu palpes autour de toi. Tu es dans une sorte de caisson de bois. Tu pousses et tu pousses... Les planches pourries finissent par céder. Avec tes mains, tu chasses la terre jusqu'à la surface.

Enfin les étoiles et la lune apparaissent et éclairent ton corps rongé par les vers et qui empeste la moisissure. Avec tes muscles pourris, tu as pu regagner le monde des vivants... OUI! TOI, LE ZOMBI...

FIN

65

Dans les gradins, une étrange silhouette vient de se glisser dans la foule. C'est LE DOCTEUR VAMPIRE! Tu as intérêt à le trouver, sinon ça pourrait mal se terminer. Si tu le trouves, rends-toi au numéro 6. Si, par contre, tu n'as pas réussi à le dénicher, va au numéro 54.

66

Voyant que vous n'avez pas réussi à déchiffrer le message inscrit sur la pancarte et que, par conséquent, vous ne pouvez plus fuir, le monstre fouette l'air de sa queue et souffle les bougies qui éclairaient l'endroit. Plongés dans l'obscurité, vous demeurez immobiles. Tu sens tout à coup ses bras écailleux entourer ton corps et rendre toute fuite impossible.

Au cirque du Docteur Vampire, ce ne sont pas les montagnes russes qui sont le manège le plus effrayant : c'est plutôt l'endroit où vous êtes maintenant, entre les crocs affûtés de... L'HOMME-CROCODILE!

FIN

67

Vous l'avez trouvé. Un simple coup de pied sur le filament brisé, et toute la toile s'affaisse, vous ouvrant ainsi le chemin. Vous fuyez à toutes jambes jusqu'à une grande pièce que Marjorie éclaire de sa lampe de poche. «Qu'est-ce que c'est que ce bric-à-brac? demande-t-elle en apercevant tout un tas d'objets hétéroclites entassés dans un des coins sombres de la pièce.

— MAIS CE SONT DES SARCOPHAGES! t'exclames-tu. Je déteste les momies. Avec leur odeur répugnante et leur démarche titubante, je les ai en horreur.

— Ne t'en fais pas, à part l'odeur de moisissure

infecte qui s'en dégage, nous n'avons rien à craindre : ces tombes sont vides, souligne Jean-Christophe en refermant le couvercle.

— C'est absurde, ce que tu dis! Si les momies ne sont pas dans leur tombeau, ça veut probablement dire qu'elles errent dans la maison hantée, lui réponds-tu.

— Ne vous en faites pas. J'ai apporté ma toute dernière invention... LE DÉTECTEUR DE MONSTRES! Je n'ai qu'à régler le cadran sur "MOMIE", et lorsqu'il y aura un de ces monstres dans les environs, le détecteur nous avertira en émettant un rot.

— UN ROT! t'exclames-tu, surpris. Tu veux dire que ton bidule va roter lorsqu'il y aura une momie près de nous. Tu aurais pu installer une sonnerie un peu moins idiote, genre **BIP BIP**.

— Je l'ai fabriqué à partir d'une vieille poupée qui appartenait à ma soeur, précise-t-il. Le fonctionnement est assez simple. Pour une momie, l'appareil émet un rot. Pour un vampire, il nous avertit en disant DODO, et cetera. C'est peut-être pas "de première classe", mais au moins ça fonctionne.

— C'est pas sérieux, ton invention, lui fais-tu remarquer ; tu aurais dû prendre autre chose qu'une poupée ; un petit camion de pompier, par exemple.»

Tout à coup, son détecteur de monstres émet un curieux son : OUIN! OUIN!

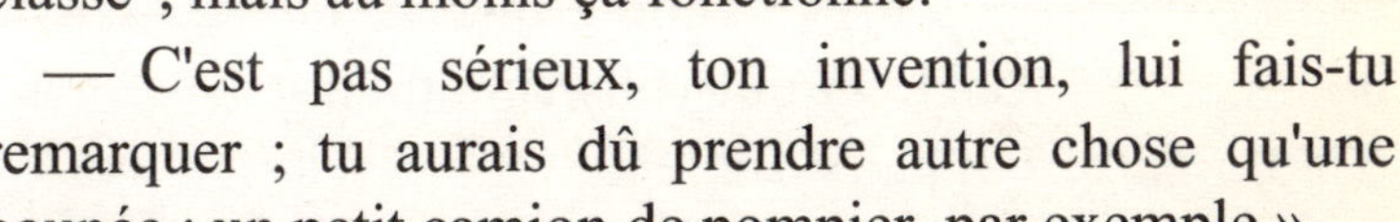

«TA MACHINE! s'écrie Marjorie, ton machin dit OUIN! Qu'est-ce que ça veut dire?

— Cela veut dire qu'un zombi n'est pas loin», répond-il en regardant l'avertisseur de sa curieuse invention.

Allez au numéro 16.

68

Plus vous vous engouffrez profondément dans la maison hantée, plus elle vous semble lugubre, tantôt habitée par une multitude de rats, tantôt traversée par des silhouettes d'allure fantomatique. En plus, par terre, à plusieurs endroits, des flaques d'un liquide visqueux, sans doute de la bave, trahissent la présence de monstres quelconques.

Vous empruntez un couloir que la moisissure a commencé à ronger et qui vous conduit à la cave. Au centre, dans une pièce très faiblement éclairée par la lueur d'une bougie, se trouve une tombe, toute noire, couverte d'arabesques et de dessins de chauves-souris. Il n'y a aucun doute, il s'agit bien de celle que tu as aperçue lors du défilé.

C'EST LA TOMBE DU DOCTEUR VAMPIRE, mais elle est vide. Sur le sol, des programmes annoncent les différentes attractions du cirque. Sur la première page, il est mentionné que ce soir, à minuit précisément, le Docteur Vampire donnera un spectacle sous le grand chapiteau.

«Nous le tenons! lances-tu. Nous savons maintenant où il se trouvera ce soir à minuit. Il suffit de chercher le grand chapiteau. Je sais maintenant que nous allons devoir passer par LE LABYRINTHE DE MIROIRS ou par LES MONTAGNES RUSSES...

Retournons à l'entrée, au numéro 10. Il ne faut pas nous décourager, nous finirons bien par le retrouver...»

69

«OUAIS! Sensationnel, quelle balade! J'aime bien ces EMÔTNAF! s'écrie Marjorie, encore tout étourdie.

— REGARDEZ LA PORTE! leur montres-tu.

— Oui! Ils nous ont reconduits tout près de la sortie! Nous pouvons partir et continuer à chercher ce Docteur Vampire», poursuit Jean-Christophe, bien déterminé à aller au fond de cette histoire.

Au moment même où vous vous apprêtez à quitter les lieux, un homme curieusement vêtu passe tout près du labyrinthe... Vous remarquez aussitôt que les miroirs ne renvoient pas son image. «C'EST LUI! C'EST LUI!»

Vous avancez à pas de loup dans sa direction. Cependant, comme une chauve-souris, le Docteur Vampire est doué d'un sens qui le prévient d'un danger imminent. Sans attendre, il se transforme sous votre regard médusé en une multitude de rats dégoûtants qui s'enfuient dans plusieurs directions.

COUIC! COUIC! COUIC!

Vous êtes passés très près de l'attraper. Retournez à l'entrée, au numéro 10, où plusieurs personnes disent avoir aperçu quelques rats répugnants sillonner les tentes et les kiosques près des jeux d'adresse et des montagnes russes. C'EST SANS DOUTE LUI!

70

Comme vous n'avez pas découvert l'identité du zombi, il ne vous reste plus qu'à tenter de fuir, et vite! Dans cette partie du cirque où vous courez, il fait affreusement noir. Le brouillard qui recouvre le sol s'écarte sous chacun de vos pas. Un chat de gouttière affamé fouille dans une poubelle près de vous et en retire une repoussante substance pleine d'asticots qu'il se met à dévorer avec délectation. (BEURK!)

Tu te retournes pour constater que, malheureusement, le zombi est toujours à vos trousses et que maintenant il a enlevé le masque qui lui donnait une apparence humaine. Quel horrible visage! Dans tes pires cauchemars, tu n'as pu imaginer un être aussi immonde. Les yeux vides et sans vie, le visage à demi corrompu, il dégage une odeur si infecte qu'elle te remplit de dégoût.

De sa démarche titubante, il se rapproche. Mais comble de malheur, alors que vous vous apprêtez à disparaître entre les roulottes des forains, un épais nuage traverse le ciel et cache complètement la lune qui éclairait faiblement le cirque de ses rayons bleutés. Tu ne vois plus rien, car il fait maintenant très noir. Quelqu'un te prend par le bras... C'EST LE ZOMBI!

FIN

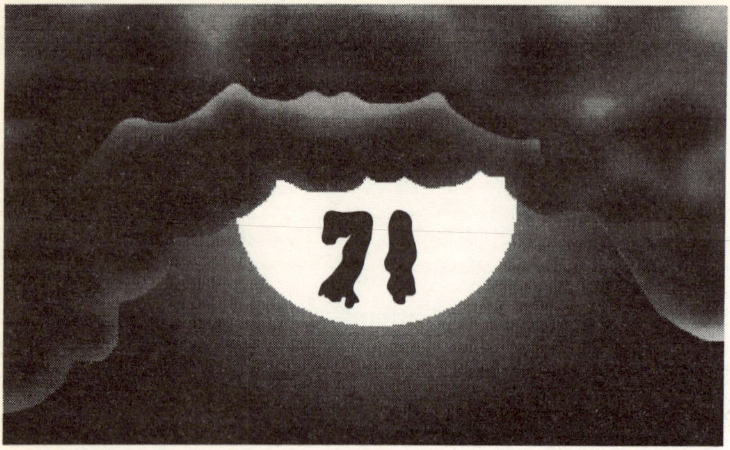

«Si les gens ont pu partir sans problème, nous le pouvons nous aussi,» te dis-tu. Mais cette fois-ci... LES ZOMBIS VOUS ONT VUS!

Vous avez fait le mauvais choix! Ils avancent vers vous en se léchant les babines avec leur dégoûtante langue verte... Vous regardez tout autour de vous : personne pour vous aider.

Malheureusement votre histoire est arrivée à sa...

FIN

72

Vous progressez lentement dans ce monde de noirceur jusqu'à un embranchement. Les deux chemins semblent aussi dangereux l'un que l'autre. Il te faut cependant choisir.

Rends-toi au numéro inscrit sur celui que tu auras choisi...

72

Le message reste mystérieux. Ainsi, vous devez faire face au clown diabolique ou essayer de fuir en courant dans le couloir. Un large sourire se dessine sur le visage grossièrement maquillé du monstre tandis qu'il s'apprête à souffler vers vous un jet de feu puissant. Devant vous, le corridor semble maintenant être votre seule solution. Vous vous précipitez vers ce qui semble être votre seule planche de salut.

Vous faites tous les trois un bond vers la gauche afin de contourner le clown cracheur de brasier pour vous élancer à toutes jambes dans le corridor. Au même instant, il souffle une flamme qui court le long des miroirs à une vitesse vertigineuse. Tu cours désespérément, mais le grondement des flammes se fait plus menaçant. L'étreinte du feu t'inflige une douleur atroce. Tu respires avec difficulté. Tu ouvres les yeux et tu secoues la tête. Que t'est-il arrivé?

Le feu a complètement brûlé ton sac à dos et la chaleur te fait affreusement mal. Sans hésiter, tu jettes par terre les restes calcinés de ton sac. Juste devant toi, au travers des flammes qui crépitent, le clown réapparaît. Tu ne peux plus fuir... TU ES CUIT!

FIN

74

Un silence de mort règne dans la pièce quand vous constatez avec colère que la porte est verrouillée.

L'escalier? PAS QUESTION! Il risque de s'affaisser à tout moment.

«Laissez-moi faire, je vais l'ouvrir, dit Marjorie, exhibant avec fierté son couteau suisse. Il contient une variété d'outils : un tournevis, une paire de ciseaux, un crochet, un téléviseur...

— UN TÉLÉVISEUR? répètes-tu, tout hébété.

— Mais non voyons, je blaguais, question de détendre l'atmosphère, vous dit-elle en souriant.

— Je ne trouve pas ça drôle du tout, lui répond son frère. Dépêche-toi et tâche de l'ouvrir, cette porte, et vite! Je ne veux pas finir sec comme un chips.

— CLIC! Et voilà, le tour est joué.»

Rapidement, vous ouvrez la porte, mais malheureusement, il s'agit en réalité d'un piège ignoble, car de l'autre côté, il y a non pas une sortie, mais plutôt un mur de briques sur lequel on a accroché UN AUTRE TABLEAU-VAMPIRE, qui vous fixe maintenant tous les trois droit dans les yeux. Vous sentez déjà vos forces quitter votre corps. Il est trop tard pour tourner la tête. Pour toi et tes amis, c'est la...

FIN

75

«Comment savoir si nous avons pris le bon couloir? demande Marjorie, exaspérée. Je déteste les labyrinthes. On pourrait passer plusieurs fois près de la sortie sans la voir. Et puis, est-ce que vous n'auriez pas emporté une brosse ou un peigne, par hasard? Avec tous ces miroirs, j'ai une folle envie de me brosser les cheveux.

— Ce que tu peux être tannante à la fin», lui dis-tu, irrité.

Brusquement, plusieurs silhouettes d'allure spectrale apparaissent et se mettent à tourner de plus en plus rapidement autour de toi.

OUU-OUU-OUU!

Tu te sens tout à coup soulevé par ce tourbillon de fantômes virevoltant dans tous les sens. Le vacarme infernal brise plusieurs miroirs qui volent en éclats.

CLING! CLING! CLIIIING!

«N'AYEZ PAS PEUR! Laissez-vous emporter par le tourbillon des spectres des miroirs, hurle Jean-Christophe. Ils sont inoffensifs. Ce sont des EMÔTNAF, des fantômes qui vivent de l'autre côté des miroirs. Ils vont nous reconduire à la sortie du labyrinthe.»

Comme le mentionne *L'Encyclopédie noire de*

l'épouvante, les emôtnaf sont des «gentils fantômes». En vous reconduisant tous les trois près de la sortie, ils vous donnent un solide coup de pouce. En supposant que ces spectres aimables aient des pouces...

Sortez vite de ce labyrinthe de malheur par le numéro 69.

76

Elle ne peut vous attraper, car elle peut à peine bouger tellement elle est grosse. Vous avez peu de place pour manoeuvrer vous aussi. En tentant de te faufiler entre sa bedaine et le mur, **BLOUB!** tu crèves accidentellement une pustule qui éclate et déverse un liquide noirâtre et visqueux sur ton jean. Une vive douleur te saisit aussitôt la jambe ; la dégoûtante substance est sans doute corrosive.

Pendant que tu te frottes la jambe sur le mur pour enlever au plus vite le pus acide, Marjorie a du mal à se départir des bourrelets de la grosse femme qui semblent vouloir l'engloutir tel du sable mouvant. Tu l'agrippes par le col de son chandail juste avant qu'elle ne soit complètement gobée par cet épiderme putride.

Au moment où la grosse dame se retourne, vous tentez une ultime sortie. Alors que vous passez près de sa bouche, son haleine fétide et nocive paralyse Jean-Christophe, qui perd conscience.

Vous devez le traîner à l'écart jusqu'au numéro 79, en passant par de petits corridors, afin de ne pas être suivis par cette grosse menace.

77

Un des zombis du Docteur Vampire vient de se glisser parmis le groupe de visiteurs. TROUVE-LE!

Autrement, tu en subiras les conséquences.

Si tu réussis à savoir de qui il s'agit, rends-toi au numéro 24. Si, par contre, tu ne l'as pas trouvé, va au numéro 70.

78

«C'est un vrai carnaval de monstres, dis-tu à tes amis, qui regrettent un peu d'avoir mis les pieds dans ce cirque maudit.

— Il faut continuer malgré tout, dit Jean-Christophe en enlevant le sable qui s'est glissé dans ses poches de jean lorsqu'il rampait sur le sol. J'ai lu dans *L'Encyclopédie noire de l'épouvante* que si le maître des vampires est détruit, tout reprendra son cours normal, et je suis sûr que celui que nous cherchons est ce docteur fou et...»

FLOP! FLOP! FLOP!

Un bruit de battements d'ailes te coupe tout à coup la parole... La pénombre vous empêche de voir clairement de quoi il s'agit. Mais vous n'avez aucun

doute, c'est le bruit d'ailes d'une chauve-souris géante, qui s'envole et s'éloigne. Sa silhouette lugubre passe devant la lune et disparaît dans le noir...

Dans un bosquet tout près, vous entendez un gémissement. Vous courez au numéro 91.

79

«PAUVRES PETITS IMBÉCILES! Vous n'échapperez pas aux monstres qui vivent dans ce cirque. NON! et mon mari, le Docteur Vampire, boira votre sang. HA! RHA! RHA! RHA! raille-t-elle, l'écume à la bouche, lorsque vous vous éloignez.

— Ce qu'il peut être lourd. Essayons de le ranimer, souffle Marjorie fatiguée. EH! EH! Jean-Christophe, réveille-toi, dit-elle en lui tapotant légèrement la joue. Allez! Réveille-toi... Tu devras cesser de manger autant de petits gâteaux si tu veux que je te traîne à l'avenir lorsque tu tomberas dans les pommes», ajoute-t-elle quand son frère ouvre les yeux.

Vous reprenez votre marche. Devant vous, un cadavre gît sur le sol. De toute évidence il a été vidé de son sang. «Le vampire est venu ici et il s'est nourri du sang de cette personne. Nous l'avons manqué de peu, leur signales-tu. Regardez, ces traces de sang sont toutes fraîches.

— Oui, mais il a fallu que nous soyons arrêtés par un GROS OBSTACLE DÉGOÛTANT... grogne Marjorie, qui n'est pas près d'oublier sa rencontre avec la bedonnante femme-zombi du Docteur Vampire.

— Retournons à l'entrée au numéro 10, suggère Jean-Christophe. Au moins, nous savons maintenant qu'il ne se trouve pas dans le labyrinthe de miroirs.»

80

C'est plutôt une voix enflammée qui brûle vos tympans. LA VOIX DU DÉMON! Qui vous a malheureusement suivis...

Une simple parole de ce monstre, et toute la forêt s'est embrasée. Devant vos yeux, les flammes crépitantes consument les arbres les uns après les autres. Tu agites les bras désespérément afin d'écarter la fumée qui se propage très haut dans le ciel.

Les pompiers alertés par les flammes d'un orange

très vif arrivent sur les lieux. Martelant de leur hache la lourde porte grillagée de l'entrée, ils parviennent à s'engager dans les dédales du cirque et à se frayer un chemin jusqu'à la forêt.

Parvenus jusqu'à vous, les pompiers vous escortent à l'extérieur de l'enceinte du cirque afin de vous mettre à l'écart du danger. Le Docteur Vampire et sa troupe de mutants profitent de la situation pour déménager en douce leurs pénates vers une autre ville.

Comme il est écrit dans *L'Encyclopédie noire de l'épouvante*, on ne peut pas éteindre les «flammes éternelles» provoquées par ces démons. Les pompiers tenteront en vain jour et nuit et pendant des années de l'éteindre. Mais ce feu aux couleurs de l'enfer brûlera éternellement. Vous seuls saurez pourquoi, et c'est un lourd secret que vous conserverez au fond de vous à tout jamais.

FIN

81

La meilleure chose qui peut t'arriver lorsque tu fais face à un vampire, c'est de manquer de veine...

La croix solidement ancrée dans ta main, tu fais un bond en avant afin de te dresser entre tes amis et les monstres assoiffés de sang. La croix possède bien la vertu que tu lui connais, et les vampires décampent à toute allure en soulevant une tornade de poussière.

Une fois débarrassés de ces monstres, vous remarquez qu'une drôle de corde suintante pend d'un puits qui semble déboucher à la surface. Prudemment, vous entamez cette difficile ascension.

«Vous ne trouvez pas qu'elle est bizarre, cette corde? vous fait remarquer Marjorie, perchée à mi-chemin entre le sol de la grotte et l'embouchure du puits.

— Oh non, dites-moi que mes yeux me trompent, murmures-tu en réalisant que la corde sur laquelle vous êtes en train de grimper est en fait... UN PYTHON!

Le python n'est pas un serpent venimeux, tu le sais bien, mais ça n'enlève rien au danger que vous courez. Car avec son corps, il peut vous broyer et ensuite vous avaler tous les trois d'un seul coup. Par chance, il dort.

Vous comprenez assez vite la situation, alors vous vous déplacez D-O-U-C-E-M-E-N-T et avec mille précautions sans le réveiller jusqu'à l'embouchure du puits qui se trouve au numéro 46.

82

Dans la partie la plus sombre de la pièce, il y a une sortie. Mais vous ne pouvez la voir, car il fait trop noir. Afin d'éclairer la pièce et de découvrir la sortie, tu dois trouver dans ce tas d'objets hétéroclites... UN CHANDELIER.

Si tu réussis à le trouver, rends-toi au numéro 42. Sinon, esquisse un signe de croix et rends-toi au numéro 48.

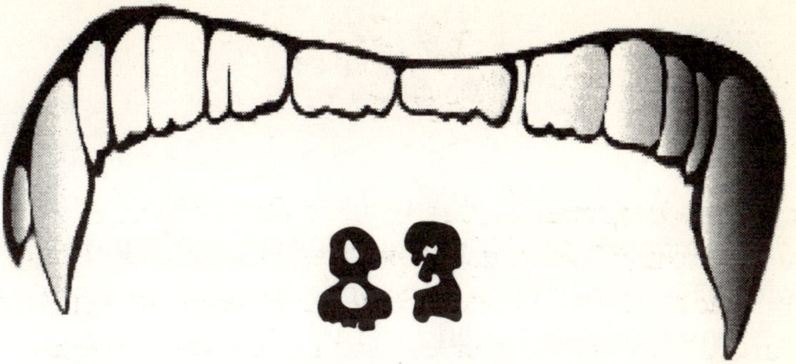

82

À peine avez-vous quitté la tente de Madame Dravas que vous êtes assaillis par une meute de loups affamés à deux têtes.

HOOOUUUUU! HOOUU!

Vous courez sans vous retourner pendant plusieurs minutes. Vous traversez de sombres collines couvertes d'une brume malsaine. Tenaillés par la peur, vous ne regardez même pas en arrière.

Avez-vous réussi à fuir ces créatures avides de chair? Peut-être que oui, peut-être que non. Mais à quoi bon? Même si vous réussissez cette fois-ci à vous échapper, un jour ou l'autre votre destinée vous rattrapera. Car en cartomancie, les cartes du tarot ne se trompent... JAMAIS!

FIN

84

Ce n'est qu'un visiteur qui, apeuré par la performance de Monsieur Nomed, bafouille des paroles incompréhensibles en s'enfuyant.

«Nous n'avons rien découvert sur le Docteur Vampire! réplique Marjorie d'un ton brusque. Il faut chercher dans une autre partie du cirque.»

Vous vous arrêtez pour examiner les environs. «Il pourrait être n'importe où constate Jean-Christophe. Nous nous sommes bien trompés en sous-estimant l'intelligence de ce docteur débile. Il aurait fallu bien réfléchir avant d'entreprendre notre aventure. Je ne veux pas jouer sur les mots mais nous n'avons pas eu de "VEINE".

Nous devons retourner à l'entrée. Je crois d'ailleurs apercevoir un raccourci près du grand chêne, là-bas, au numéro 45.»

85

De retour chez toi...

Le lendemain matin, en te levant, tu ne peux t'empêcher de penser que vous auriez peut-être réussi à trouver le Docteur Vampire si Marjorie avait gagné ce détecteur de monstres.

«Ah! et puis zut! À quoi bon s'en faire, te dis-tu, le cirque est maintenant reparti et ne reviendra que dans cinq ans. Mais au fait, nous n'avons pas reçu notre châtiment pour avoir perdu à ce jeu stupide», songes-tu en enfilant tes pantoufles avant de descendre pour le petit déjeuner.

Mais il viendra tôt ou tard ce châtiment. Il viendra une nuit sous une forme horrifiante. Lorsque tu oublieras de vérifier sous ton lit avant de te coucher...

FIN

86

Tu as choisi cette petite bouteille parce qu'elle contenait non pas du liquide, mais de minuscules pilules. La douleur devient subitement insoutenable. Tu dévisses le bouchon et passes ton index dans le goulot pour prendre un de ces médicaments façonnés en petite boule. Tout à coup, un étrange picotement te parcourt le doigt. À ton grand étonnement, un

insecte se promène sur ta main, puis un autre...

Horrifié, tu laisses tomber le flacon qui se brise en touchant le sol, laissant s'échapper des dizaines de cloportes. Ce n'était pas des pilules, c'était des insectes. Il est maintenant trop tard pour prendre une autre bouteille, car le virulent poison fait son effet. Incapable de coordonner tes gestes, tu t'écrases sur le plancher. Tes amis accourent et te relèvent, pour découvrir que tu te mues en une répugnante larve qui, lorsqu'il fera nuit, deviendra un gigantesque papillon de nuit assoiffé de sang...

FIN

87

Oui, vous avez réussi à déchiffrer le message. Vous courez furieusement entre les miroirs de cette galerie qui vous éloigne de l'homme-crocodile. Ses grognements se perdent dans les dédales du labyrinthe. À l'écart du danger, vous arrivez cependant face à face avec trois autres monstres répugnants et horribles.

«Je n'ai jamais vu de telles monstruosités, avoue Marjorie, qui a peine à retenir son envie de vomir. Qui sont ces monstres? demande-t-elle en se retournant pour éviter de les regarder.

— CE N'EST QUE NOUS! répond calmement

son frère.

— NOUS! Qu'est-ce que tu dis là?

— Je te dis que c'est tout simplement nous. REGARDE! Nous nous trouvons en face d'un miroir déformant. Regardez-moi, j'ai la tête plus grosse que mon corps.

— MOI! MOI! Regardez-moi, j'ai une grosse bedaine, leur dis-tu en te dandinant devant le miroir. On dirait que j'ai avalé des tonnes de hamburgers!

— O.K.! Ça suffit maintenant, partons, lance Jean-Christophe, fatigué de ces pitreries.

— Ne peut-on pas rester un peu plus longtemps? supplie Marjorie, bien installée devant un miroir qui lui donne des allures de géante. Pour une fois que je suis plus grande que vous deux!»

Vous partez vers le numéro 72.

88

OUI! Vous avez encore une chance, mais elle ne tient qu'à un fil, un filament, devrions-nous dire. En effet, sur cette image de la toile d'araignée, il y a un filament qui est brisé. Si tu réussis à le trouver, rends-toi au numéro 67. Si, par contre, tu ne le trouves pas, va au numéro 49.

89

«Vous savez pourquoi il est un peu lourd, ce sac de maïs soufflé? Parce qu'il y a une clé à l'intérieur», leur dis-tu en leur balançant le sac devant les yeux...

Lorsque vous arrivez à la lourde porte de fer, la clé, pourtant rouillée, tourne sans effort dans la serrure. Tous les trois, vous poussez sur la porte, qui s'ouvre dans une cacophonie de grincements.

CRIIIIIIIIOOUUUUU!

Quelques rats profitent de l'occasion pour fuir et passent furtivement entre tes jambes, te faisant sursauter.

«AAARG!

— Avec tout ce vacarme, c'est comme si nous avions frappé avant d'entrer», dit Jean-Christophe, mécontent.

Plus loin, vous arrivez devant une grande tente de satin décorée de broderies. Des lueurs inquiétantes de torches crépitantes semblent vous inviter à y pénétrer. L'endroit a plutôt l'air menaçant, mais votre courage vous force à entrer.

Rendez-vous au numéro 34.

90

Au moment même où tu fais un bond vers la gauche pour rejoindre tes amis, le zombi esquisse un sourire. Pourquoi sourit-il? Parce que vous êtes pris, et que vous vous trouvez acculés au pied d'un mur. Tout recul est impossible.

«Qu'est-ce qu'on fait maintenant? leur demandes-tu. Ce clown dangereux est un zombi, et rappelez-vous : "On ne peut pas tuer ce qui est déjà mort".

— Je sais, nous allons l'enfermer dans un de ces sarcophages, répond Jean-Christophe. Marjorie se tiendra ici pour l'attirer près de la tombe, et lorsqu'il sera tout près, **VLAN!** nous le pousserons dans le cercueil puis nous fermerons le couvercle.

— Et si ce plan-là ne me plaît pas, proteste Marjorie, pas très emballée à l'idée de servir d'appât.

— Tu sers d'appât ou tu lui sers de repas! lui lance son frère sur un ton autoritaire. Place-toi vite, le voilà...»

Comme prévu, le clown s'avance directement sur Marjorie qui, terrorisée, grimace de peur. Totalement concentré sur son prochain festin, le zombi, les yeux rougis de sang, s'approche du cercueil sans se douter du traquenard. Alors qu'il s'apprête à attraper Marjorie, vous le poussez furieusement dans le sarcophage en fermant aussitôt le couvercle. Hurlant de rage, il ne peut que frapper violemment sur les parois internes du cercueil.

Assis tous les trois sur le couvercle pour éviter que le clown-zombi en ressorte, vous vous réjouissez quelques minutes de votre victoire avant de repartir en courant vers le numéro 68.

91

Vous inspectez les bosquets de plantes mortes. Près de l'un d'eux, une ombre gît sur le sol. C'est la dernière victime du Docteur Vampire : une jeune femme. Elle porte au cou des marques de morsures, LES MARQUES D'UN VAMPIRE...

Une onde de tristesse t'envahit...

Elle est à peine consciente, mais vous lui demandez ce qu'elle sait du Docteur Vampire. «Pourquoi vous intéressez-vous à lui? vous demande-t-elle. Vous n'avez aucune chance contre lui, il possède une armée de monstres : des zombis-jongleurs, des chiens-loups à deux têtes, des clowns cracheurs de feu.

— Nous allons tout faire pour vous sauver, lui dis-tu pour la rassurer. Si nous réussissons, vous serez sauvée, et tous les autres aussi.

— En tentant de me sauver, vous risquez de partager avec moi le même sort pour l'éternité», soupire-t-elle avant de s'évanouir.

Vous devez maintenant retourner à l'entrée, au numéro 10. Selon une rumeur, une grande chauve-souris aurait survolé les montagnes russes et la maison hantée : LE DOCTEUR VAMPIRE! Allez-y, et bon courage...

92

De la fenêtre, Marjorie aperçoit la silhouette bien distincte du monstre de pierre longer la roulotte.

«VITE! Bois le contenu de la fiole, murmure-t-elle, c'est ce foutu démon et je crois qu'il vient par ici...»

En te fermant les yeux, tu ingurgites le gluant liquide. Peu à peu, la douleur semble vouloir s'estomper. «Je crois que je n'ai plus mal, leur confies-tu en respirant profondément. Mais j'ai cependant encore l'impression que mon estomac chavire...

— Ce n'est pas ton estomac qui balance, C'EST LA ROULOTTE! crie Jean-Christophe qui a peine à garder son équilibre. Le démon de roc a réussi à nous trouver, et il veut renverser la roulotte!»

À cause du roulis, tous les différents produits qui se trouvaient sur l'étagère se sont déversés sur le sol. Mélangés les uns aux autres, ils forment une petite nappe de liquide sans doute corrosif. La fumée qui s'en dégage devient tout à coup irrespirable.

Dissimulés par ce nuage toxique, vous fuyez sans plus attendre par la porte de derrière jusqu'au numéro 94, où se déroule le spectacle d'acrobates.

93

«**CLING!** fait le collier en tombant sur le plancher.

— OUPS! dit-Jean-Christophe, je l'ai échappé...»

La chauve-souris géante, maintenant avertie de votre présence, se retourne et bondit sur vous. En sautant en bas des gradins, tu évites de justesse ses griffes meurtrières.

La sombre silhouette reprend forme humaine, fait volte-face et fonce dangereusement sur Marjorie qui, pétrifiée par la fureur de l'attaque, ne peut fuir. Saisie par les griffes du monstre, elle est emportée au centre de l'arène par le vampire.

Le docteur s'apprête à étancher son insatiable soif de sang. Il approche dangereusement ses canines du cou de Marjorie, et tu sens soudainement la colère monter en toi. N'importe qui aurait fui et laissé à son destin tragique son amie, mais pas toi, NON! Alors tu empoignes le collier et tu te précipites sur le Docteur Vampire.

Le collier entre les dents, tu sautes par-dessus les bancs des gradins tel un athlète dans une course à obstacles. Tu n'arrives plus à voir Marjorie, tout à coup disparue sous la cape du monstre. Dans un ultime effort, tu t'élances et arrives de plein fouet sur le dos du vampire. L'impact est tel que tu te retrouves sur le sol, le cou pris entre ses mains froides comme la mort.

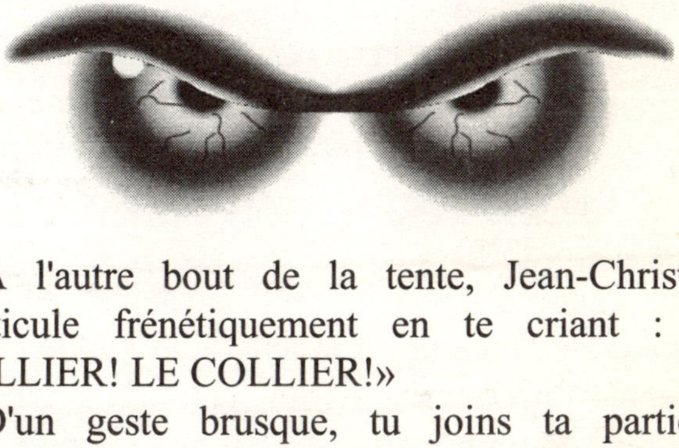

À l'autre bout de la tente, Jean-Christophe gesticule frénétiquement en te criant : «LE COLLIER! LE COLLIER!»

D'un geste brusque, tu joins ta partie du pendentif à celui que le vampire porte à son cou...

Tu te retrouves au numéro 95.

94

Assis tous les trois, vous reprenez tranquillement votre souffle. Deux acrobates exécutent quelques exercices d'équilibre très périlleux. Comme dans tout bon spectacle de cirque, ils entreprennent la fameuse traversée du fil de fer très haut dans les airs, à plusieurs mètres du sol.

Muni d'un parapluie multicolore, un des deux acrobates procède à la traversée sous les «OOOOH!» et les «AAAAH» de la foule. À mi-chemin, le fil se met dangereusement à tanguer. L'acrobate tente de garder son équilibre, mais en vain : il tombe et s'écrase sur le sol sablonneux. Prise de panique, la foule quitte les lieux en trombe. Déconcertés, vous observez l'acrobate se relever comme si rien ne s'était passé.

Est-ce que cela fait partie du spectacle? NON! Il n'y a qu'une explication à l'incroyable incident dont vous venez d'être témoins... Les acrobates sont sans doute des zombis qui sont morts depuis très longtemps. Comme vous le savez très bien, on ne peut pas tuer ce qui est déjà mort...

Tout à coup, celui qui est toujours perché en haut de la plate-forme jette un regard du côté des gradins, comme s'il avait senti votre présence. Vous devez tenter de fuir à tout prix. Deux possibilités s'offrent à vous...

Sur le côté, il y a une brèche dans la clôture. Pour

vous y glisser, rampez sur le sol jusqu'au numéro 78.

Vous pouvez aussi trouver tout simplement la sortie, en courant très vite jusqu'au numéro 71.

95

Grâce à la réunion des deux pièces, les pouvoirs du pendentif d'Amon-Râ se manifestent aussitôt en un bruit strident suivi d'une vive lumière rayonnant de la pierre turquoise. **SSHHHHHH!**

Frappé par la lueur radiante, le Docteurr Vampire recule et tombe sur le sable de l'arène centrale. NYAAAAHH! Pris de mille souffrances et visiblement à l'agonie, il virevolte et passe de forme humaine à chauve-souris plusieurs fois avant d'être soudain transformé en bûcher. Il brûle quelques secondes avant de s'écrouler et finalement tomber en poussière.

Tu te touches le cou pour te rendre compte que les morsures du vampire ont disparu. «OUF! Je n'aurai pas à me lever la nuit pour sucer le sang des gens», te dis-tu pendant que le feu gagne la toile de la tente qui

s'enflamme aussitôt. IL FAUT SORTIR D'ICI AU PLUS VITE! TOUT VA BRÛLER... hurles-tu à tes amis en te précipitant vers la sortie, suivi de tes camarades.

Le lendemain, des centaines de personnes étonnées regardent se consumer les restes fumants du cirque. «Que s'est-il passé? semblent-ils tous se demander. Qu'est-ce qui a provoqué cet incendie?» Cette question restera sans réponse, car jamais personne ne connaîtra la vérité sur cette nuit fatidique où les Téméraires de l'horreur ont vaincu LE DOCTEUR VAMPIRE et sa horde de monstres-mutants...

BRAVO !

Tu as réussi à terminer le livre...

Le cirque du Docteur Vampire.

UN MOT SUR L'AUTEUR

Dès sa plus tendre enfance, Richard Petit se passionne déjà pour les histoires d'épouvantes. À l'âge de 12 ans, il réalise un film d'horreur avec ses amis. Une cape de vampire dans le placard, un cercueil de carton dans le garage, une caisse de fausses toiles d'araignées, et la maison de campagne se transforme soudain en château lugubre. Même si tout cela n'est que du cinéma amateur, pour son entourage, cela semble beaucoup trop réel.

Même aujourd'hui, il n'a pas changé. Alors imaginez, lorsque l'occasion s'offre à lui de créer ses propres histoires, avec ses propres images, il s'en empare comme le ferait un loup-garou de sa victime, un soir de pleine lune.

Des aventures débordantes d'actions, des intrigues palpitantes qui se développent au gré de l'interaction des lecteurs et lectrices de tout âge, voilà ce que vous propose ce passionné qui a su garder son coeur d'enfant.

Richard Petit est né à Montréal, en 1958.

DANS LA MÊME COLLECTION

1. Perdu dans le manoir Raidemort
Isbn : 155225027X

2. Le prof cannibale
Isbn : 1552250288

3. La pleine lune des mutants-garous
Isbn : 1552250296

4. Le cirque du Docteur Vampire
Isbn : 155225030X